MacBook Guide

Anton Ochsenkühn

MacBook Guide

Anton Ochsenkühn

Copyright ©2009 by amac-buch Verlag

2. Auflage Dezember 2010

ISBN 978-3-940285-13-3

Konzeption/Koordination:	amac-buch Verlag
Layout und Cover:	Simone Ochsenkühn, Obergriesbach
Satz:	Johann Szierbeck, hans@oesix.de
Lektorat und Korrektorat:	Kreativstudio Gaugigl, kreativstudio@gaugigl.de
Druck und Bindung:	Eitzenberger – Media Druck Logistik, Augsburg (D)

Trotz sorgfältigen Lektorats schleichen sich manchmal Fehler ein. Autoren und Verlag sind Ihnen dankbar für Anregungen und Hinweise!

amac-buch Verlag
Erlenweg 6
D-86573 Obergriesbach
E-Mail: info@amac-buch.de
http://www.amac-buch.de
Telefon 0 82 51 / 82 71 37
Telefax 0 82 51 / 82 71 38

Alle Rechte vorbehalten. Die Verwendung der Texte und Bilder, auch auszugsweise, ist ohne die schriftliche Zustimmung des Verlags urheberrechtswidrig und strafbar. Das gilt insbesondere für die Vervielfältigung, Übersetzung, die Verwendung in Kursunterlagen oder elektronischen Systemen. Der Verlag übernimmt keine Haftung für Folgen, die auf unvollständige oder fehlerhafte Angaben in diesem Buch zurückzuführen sind. Nahezu alle in diesem Buch behandelten Hard- und Softwarebezeichnungen sind zugleich eingetragene Warenzeichen.

Inhalt

MacBook Guide

Vorwort	**8**
Kapitel 1 – Die ersten zehn Minuten	**10**
Einrichten des neuen Systems	12
Migrationsassistent	14
Netzwerkzugang	18
Apple-ID, Registrierdaten und der erste Benutzer	19
Abschließende Einstellungen	23
Die ersten wichtigen Einstellungen nach erfolgreicher Installation	26
Benutzer – Automatische Anmeldung	27
Ein neuer Benutzer	28
Ausschalten / Ruhezustand / Einschalten	30
Kapitel 2 – Ab ins Internet	**32**
Verbindung ins Internet via Telefon und Bluetooth	35
iPhone und Tethering	38
Tethering am iPhone aktivieren	38
USB-Kabelverbindung mit dem Mac herstellen	40
Verbinden per Bluetooth	42
UMTS-Stick	45
web'n'walk-Sticks von T-Mobile	46
launch2net	50
MiFi 2352 von Novatel Wireless	51
Verbindung über ein DSL-Modem oder ein Kabelmodem	56
Die drahtlose Verbindung ins Internet über AirPort	60
AirPort-Basisstation für die PPPoE-Einwahl konfigurieren	61
AirPort-Basisstation verwendet einen Router für den Internetzugang	64
AirPort-Station geht auf Sendung	65
Zugang zum Internet über sogenannte Hotspots	72
E-Mail konfigurieren	73
Exchange: E-Mail, Termine, Aufgaben, Notizen und mehr	75
MobileMe: Exchange for the rest of us	77
MobileMe-Account einrichten	78

Inhalt

Kapitel 3 – Die wichtigsten Bedienungsfeatures — 82

- **Tastatur** — 84
- **Trackpad** — 90
- **Einige coole Features des Finders** — 92
  - Wichtige Sprungorte — 92
  - Viele Fenster – Mehrfenstermodus — 93
  - Zusatzfunktionen über die Symbolleiste — 95
- **Die heißesten Features für das Dock** — 96
- **Alles Ansichtssache** — 100
  - Spaces — 108
  - Dashboard — 110
  - Spotlight — 112
- **Kontaktaufnahme mit dem Netzwerk** — 124
  - Serververbindung herstellen — 124
  - Serververbindungen trennen — 131

Kapitel 4 – Anschlüsse und was man damit alles machen kann — 134

- **Das MacBook Air und die nicht vorhandenen Anschlüsse** — 137
- **Mini DisplayPort – Monitore und Beamer** — 140
- **USB 2.0** — 142
- **FireWire** — 143
- **SD-Card-Slot** — 143
- **Ethernet** — 144
- **Lautsprecher und Mikrofon** — 144
- **iSight-Kamera** — 145
  - Photo Booth – und die Party ist gerettet — 145
  - Skype Videochat — 147
- **Bluetooth** — 148
  - iSync — 148
- **Zusätzliche Funktionen** — 152

Kapitel 5 – Futter – Datenübernahme von bisherigen Systemen — 156

- **Daten von einem Mac übernehmen – der Migrationsassistent** — 158
- **Daten von einem Win-PC übernehmen** — 166
  - Via Internet: MobileMe — 166
  - Externer Datenträger — 170

Lokales Netzwerk	172
Wo müssen die Daten am Mac abgelegt werden?	181
Dateiübernahme von Windows zum Mac	**186**
E-Mails und E-Mail-Einstellungen übernehmen	**191**
Windows Live Mail	192
Von Outlook über Thunderbird am PC zu Thunderbird am Mac	194
Von Thunderbird am Mac zu Mail am Mac	201
Von Thunderbird über Mail nach Entourage oder Outlook am Mac	205
Favoriten oder Lesezeichen übernehmen	**209**
Von Firefox zu Firefox	209
Vom Internet Explorer zu Firefox	210
Lesezeichen vom Internet Explorer am PC zu Safari am Mac	210
Kalenderdaten aus Outlook zu iCal auf dem Mac übertragen	**213**
Termine von Outlook zu Entourage am Mac übernehmen	218
Termine von Entourage und iCal synchronisieren	219
Der einfache Weg: Von Outlook PC zu Outlook 2011 für den Mac	220
Techhit Messagesave	223
iTunes goes Mac	**224**
Bilddaten vom PC auf den Mac übernehmen	**226**
Ihr doppelter Boden: Time Machine	**230**
Time Machine	230

Kapitel 6 – Sicherheit – auch unterwegs — 238

Firmware-Kennwort	**240**
Firmware-Kennwort vergessen – was nun?	242
Systemeinstellungen / Sicherheit	**243**
Sicherheit	244
FileVault	246
Sicherheit im Internet – Firewall	**251**
USB-Sticks mit Kennwörtern absichern	**252**
Zusätzliche Sicherheitssoftware	**255**

Kapitel 7 – Das geht auch … — 258

Installieren / Deinstallieren von Programmen	**260**
Installationsbeispiel Microsoft Office 2011	260
Installation von Firefox	262

Inhalt

Programme für den Mac — 265
   Der Mac als Fernsehgerät — 265
   Windows Media Player — 269
   Instant Messaging am Mac — 269
Unglaublich, aber wahr: Windows auf dem Mac — 271
   Boot Camp-Assistent — 271
   Windows innerhalb einer Virtualisierung — 279

Kapitel 8 – Wenn es mal Probleme geben sollte — 284

1. Ein Programm reagiert nicht mehr — 286
2. Macht ein Programm regelmäßig oder auch unregelmäßig Ärger — 287
3. Problem: Der Internetzugang funktioniert nicht — 289
4. Kernel-Panik — 290
5. Apple Hardware Test — 291
6. Probleme beim Starten — 295

Fitnesstraining für Ihren Mac — 295
   A. Softwareaktualisierung — 295
   B. Festplatten-Dienstprogramm — 297
   C. Yasu — 298
   D. Reparaturfunktionen beim Booten — 299
   E. Aufspielen der aktuellen Firmware — 301

Kapitel 9 – Akkulaufzeit optimieren — 304

Energiefresser Nummer 1: der Bildschirm — 306
Energiefresser Nummer 2: Airport und Bluetooth — 307
Energiefresser Nummer 3: — 308
USB-Geräte, optisches Laufwerk — 308
Energiefresser Nummer 4: Grafikkarte — 308
Energiefresser Nummer 5: — 310
Tastaturhintergrundbeleuchtung — 310
Energiefresser Nummer 6: Festplatte — 310
Hibernation — 311
   SmartSleep — 312

Kapitel 10 – Tastenkürzel — 314

Index — 322

Vorwort

Alles für Ihren tragbaren Freund

Vor etlichen Jahren waren tragbare Computer den Desktop-Geräten dramatisch unterlegen. Weder die Geschwindigkeit noch die Kapazität der Festplatte oder des Arbeitsspeichers waren für ein vernünftiges Arbeiten ausreichend.

Diese Zeiten sind längst vorbei. Die Laptops und Notebooks sind erwachsen geworden und werden mittlerweile von vielen Menschen als einziger Arbeitsplatz benutzt. Im Büro oder zu Hause wird durch einen zusätzlichen Monitor der tragbare Computer zum Desktop-Rechner.

Apple hat dies erkannt und schon frühzeitig bei der Herstellung von tragbaren Computern auf Leistung und Qualität geachtet. Die aktuell verfügbaren Modelle MacBook, MacBook Pro und MacBook Air sind allesamt spitze in ihren Leistungsdaten und der Einsetzbarkeit.

Viele ehemalige Windows-Anwender finden über die mobilen Apple-Computer erstmalig den Weg zum Mac. Schnell begeistern sie sich für die fantastische Leistung der Hardware und für das Betriebssystem Mac OS X.

Dieses Buch möchte den Anwendern von tragbaren Apple-Rechnern eine Hilfe sein, um alle verfügbaren Funktionen ausreizen zu können. Neueinsteigern dient die Lektüre dazu, rasch den Einstieg zu schaffen und schon bald die ersten Ergebnisse bei der Arbeit am Mac zu erzielen.

Aber nun genug der Vorrede – viel Spaß beim Ausprobieren und Testen wünscht ...

Dipl.-Ing. Anton Ochsenkühn

Kapitel 1:
Die ersten zehn Minuten

Die ersten zehn Minuten

Der Akku Ihres tragbaren neuen Freundes ist schon vorgeladen und selbst das Betriebssystem ist schon vorinstalliert. Es kann also sofort losgehen.

Einrichten des neuen Systems

Intro-Animation

Nach der Intro-Präsentation mit Musik und Animation erscheint der *Willkommen-Bildschirm*. Auf ihm sind zuallererst das *Land* und die *Tastatur* des Landes, in dem man sich befindet, festzulegen. Wählen Sie z. B. Deutschland oder Österreich oder Schweiz aus. Mit *Alle einblenden* sehen Sie eine Liste aller Landeseinstellungen, die Sie verwenden können. Ist Ihre Auswahl getroffen, klicken Sie auf *Fortfahren,* um zum nächsten Bildschirm zu gelangen.

Die ersten zehn Minuten

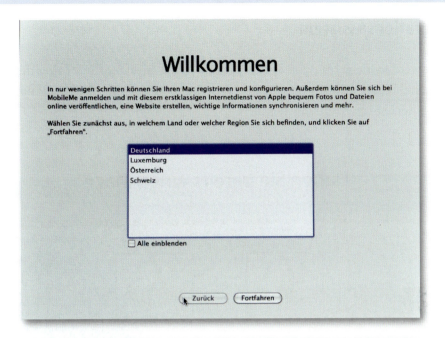

Erste Einstellungen

Kapitel 1

Migrationsassistent

Jetzt werden Sie gefragt, ob Sie bereits einen Mac besitzen. Sollte dies der Fall sein, haben Sie zwei Optionen, vom bestehenden Rechner Daten auf das neu installierte System zu übernehmen.

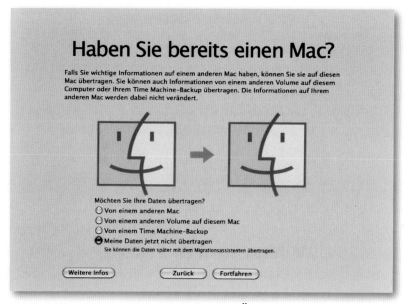

Der Migrationsassistent hilft bei der Übertragung der Daten

Aber gehen wir noch mal einen Schritt zurück. Angenommen, Sie haben einen Rechner neu erworben, dann befinden sich auf diesem Rechner noch keine Programme, die Sie für Ihre tägliche Arbeit brauchen, z. B. kein Microsoft Office, keine Adobe Creative Suite. Haben Sie bereits einen Mac, so können Sie vom älteren Rechner diese Programme auf den neuen übernehmen. So haben Sie nun die Wahl, vom alten Computer über das Programm *Migrationsassistent* Daten auf den neuen Rechner zu übertragen.

Die ersten zehn Minuten

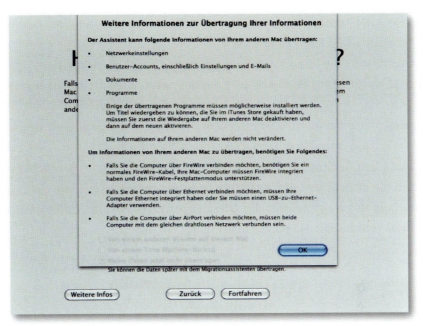

Migrationsassistent

*Neben dem **Migrationsassistenten**, der also von einem anderen Rechner Daten übernehmen kann oder von einer anderen Festplattenpartition am gleichen Mac, können Sie auch über **Time Machine** ein Backup einspielen.*

Time Machine ist eine neue Funktion seit OS X 10.5, die wir später noch sehr intensiv besprechen werden. Haben Sie also bereits einen Rechner, der mit dem Betriebssystem OS X 10.5 gearbeitet hat und von dem mit Time Machine ein vollständiges Backup erzeugt wurde, so könnten Sie hier nun Ihren vollständig gespeicherten Rechner und damit die Daten in diesem Backup auf den neuen übertragen.

Sie können aber auch zum jetzigen Zeitpunkt auf das Übertragen der Daten verzichten. Das wäre der letzte Punkt in der Liste: *Meine Informationen jetzt nicht übertragen*. Und dort steht ein kleiner, aber sehr wertvoller Tipp: Denn der Migrationsassistent steht Ihnen beim fertig installierten System auch nachträglich zur Verfügung. Sie werden das Programm *Migrationsassistent* im Ordner *Programme* und dort im Unterordner *Dienstprogramme* finden.

Wollen Sie die Option *Von einem anderen Mac* verwenden, dann bedeutet es, Sie müssen den anderen Mac verfügbar machen. Sie müssen den jetzigen neu installierten oder neu gekauften Rechner über ein FireWire-Kabel mit dem

15

alten Rechner verbinden, damit der alte oder bestehende Rechner in die Lage versetzt wird, die Daten zu liefern.

Dazu müssen Sie den bestehenden Rechner durch Drücken der *Taste T* im *Target-Modus* starten. Wird der Rechner gestartet, wird nicht sein Betriebssystem zum Starten verwendet, sondern der Rechner lediglich als extern verfügbare Festplatte verwendet. Man erkennt es daran, dass auf dem Bildschirm ein FireWire-Symbol erscheint. Verbinden Sie nun mit dem FireWire-Kabel den aktuellen Rechner und den vorherigen Rechner. Ist dies geschehen, dann können Sie auswählen, welche Daten übertragen werden sollen.

Deutlich eleganter gelingt die Übertragung via Airport und damit drahtlos. Vielleicht haben Sie rechts oben in der Menüleiste das Icon dafür schon entdeckt.

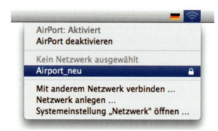

Zugriff auf Drahtlosnetzwerke

Dazu müssen sich beide Rechner, Quell- und Zielrechner, im gleichen Netzwerk befinden, damit die Daten übertragen werden können.

Welche Daten können übertragen werden? Es sind zunächst einmal die Benutzer, die auf Ihrem jetzigen Rechner existieren. Das heißt, jeder Benutzer verfügt über einen Benutzerordner – sein Homeverzeichnis – und diese Homeverzeichnisse der Benutzer können auf den neuen Rechner übernommen werden. Damit laden Sie sich alles, was Sie jemals in den Programmen iTunes, iPhoto etc. an Daten erzeugt und in Ihrem Homeverzeichnis abgelegt haben.

Die Einstellung *Programme* überträgt alle installierten Programme, die auf anderen Rechnern bereits einmal vorinstalliert wurden, Programme wie eben Microsoft Office, wie Quark XPress, wie Adobe Creative Suite etc., etc. Wenn Sie auch die Netzwerkeinstellungen und andere Einstellungen übertragen, dann bedeutet dies: Jeder Rechner verfügt über eigene Einstellungen, beispielsweise auf welchem Wege er in das Internet gelangt. Diese Einstellungen werden ebenfalls übernommen.

Die ersten zehn Minuten

*Wenn Sie von einem bestehenden Rechner mit dem **Migrationsassistenten** Daten übernehmen wollen, würde ich Ihnen empfehlen, alle zur Verfügung stehenden Optionen zu verwenden, um möglichst alle Daten vom Altrechner auf Ihr neues System zu übernehmen.*

Die vorhin beschriebene Art und Weise der Datenübernahme von einem anderen Mac unterscheidet sich in nichts von der eines anderen Volumes auf diesem Mac. Hierbei liegen die Daten nur auf einer anderen Partition auf demselben Rechner. Die Einstellungen sind dieselben.

Zu guter Letzt noch zu der Option, über ein Time-Machine-Backup die Daten einzuspielen. Hier ist es notwendig, eine externe Festplatte anzuhängen, die Sie über USB oder FireWire mit dem Rechner verbinden, um von dort eine vollständige Sicherungskopie eines anderen Rechners einzuspielen.

*Die Datenübertragung mit dem **Migrationsassistenten** bzw. die Datenübernahme via Time-Machine-Backup kann durchaus ein bis drei Stunden dauern.*

Beachten Sie bitte: Wenn Sie von einem bestehenden Rechner Daten übernehmen, kann es sein, dass Sie gewisse Einstellungen trotz erfolgreicher Übernahme erneut vornehmen müssen.

*Die Firma Apple weist Sie darauf hin. So ist beispielsweise zu lesen, dass Sie für den **iTunes Store** Ihr Benutzerprofil erneut mit dem Kennwort versehen müssen, weil dieses bei der Übertragung möglicherweise nicht übernommen wird.*

Ähnlich kann es auch bei anderen Programmen sein, nämlich dass diese Programme zwar auf Ihr neues System herüberkopiert werden konnten, aber erneut aktiviert werden müssen, z. B. via Internet. Oder es ist eine erneute Seriennummerneingabe erforderlich. Programme, die dahingehend etwas kritisch sind: QuarkXPress, Adobe Creative Suite 4 und 5, Mac Giro, iWork '09. Da kann es schon notwendig werden, dass Sie die Aktivierung der Programme erneut vornehmen müssen.

Kapitel 1

Ich wähle nun an der Stelle aus, dass meine Informationen nicht übernommen werden sollen, verwende also den *Migrationsassistenten* nicht, und klicke mit *Fortfahren* zum nächsten Punkt , dem *Einrichtungsassistenten*.

Netzwerkzugang

Keine Frage, ein Rechner ohne Internetzugang wäre heutzutage nicht mehr vorstellbar. Deshalb fragt Apple Sie im nächsten Schritt, ob Sie einen Zugang zum Internet einrichten möchten. In meinem Fall verwende ich ein Mac Book Pro, das über Airport verfügt und könnte jetzt einen Zugang einstellen oder über den Schalter *Andere Netzwerkkonfiguration* statt *AirPort* z. B. *Ethernet* als Verbindung verwenden. Auch hier ist es wieder ähnlich wie bei dem vorhin schon erwähnten Migrationsassistenten: Entweder Sie führen die Einstellungen jetzt durch oder aber Sie können das zu einem späteren Zeitpunkt nachholen.

*Nochmals zurück zum Migrationsassistenten: Wenn Sie mit ihm von einem anderen Rechner die Netzwerkeinstellung übernehmen, dann ist dieser Schritt sowieso überflüssig, weil damit diese Einstellungen übertragen worden sind. Meine Empfehlung an der Stelle: Klicken Sie auf den Button **Andere Netzwerkkonfiguration** und wählen Sie zunächst mal die Option **Mein Computer stellt keine Verbindung zum Internet her** aus.*

Die ersten zehn Minuten

Apple-ID, Registrierdaten und der erste Benutzer

Was ist eine Apple-ID? Hierbei handelt es sich um eine optionale Mitgliedschaft bei MobileMe, einem Online-Dienst von Apple, der Ihnen zunächst eine E-Mail-Adresse und Platz auf einem Apple-Server zur Verfügung stellt. Doch bei genauerem Hinsehen sind eine Summe weiterer nützlicher Features verfügbar.

Apple-ID

Aber keine Panik! Sie können den Dienst später erwerben und nachträglich in Ihrem Betriebssystem hinterlegen *(Systemeinstellungen −> MobileMe)*. Im Internet-Kapitel dieses Buchs bekommen Sie zudem weitere Infos, was MobileMe alles für Sie zu leisten imstande ist.

Verfügen Sie bereits über eine Apple-ID, dann können Sie diese hier eintragen. Anschließend werden Ihre Einstellungen vorgenommen. So wird z. B. Ihre iDisk gemountet und Sie können sofort loslegen.

Mit *Fortfahren* bestätigen Sie die bisherigen Einstellungen. Im nächsten Fenster, dem *Registrierungsfenster,* fragt Apple Sie nun nach persönlichen Daten, nach Ihrem Namen, nach Ihrem Wohnort etc. Das sind rein statistische Informationen. Diese Daten – hätten Sie die Internetverbindung vorher aktiviert – würden nun an Apple übertragen werden. Ich habe mir an dieser Stelle zur Angewohnheit gemacht, diese Registrierung zu überspringen.

Kapitel 1

Registrierung

Wie geht das? Wählen Sie die Tastenkombination *cmd + Q*. Die *cmd-Taste* ist die Taste, die Apple-Anwender, die schon lange im Business sind, noch als *Apfel-Taste* kennen. Es kommt ein kleiner Dialog, mit dem Sie die Option *Überspringen* auswählen können.

Wollen Sie die Informationen ausfüllen, so würde ich Ihnen empfehlen, bevor Sie beginnen, ein Feld mit Informationen zu „füttern", grundsätzlich erst den Button *Fortfahren* anzuklicken, denn daraufhin erscheinen immer Hinweispfeile, die Ihnen sagen, welche Felder Pflichtfelder sind und ausgefüllt werden müssen. So brauchen Sie nur die notwendigen Felder auszufüllen, anstatt alle Informationen einzutragen.

Aufgepasst, jetzt wird es sehr wichtig!

Die ersten zehn Minuten

Im nächsten Fenster muss ein sogenannter *lokaler Benutzer* angelegt werden. Dieser lokale Benutzer wird ein sehr mächtiger Benutzer sein. Denn dieser Benutzer ist der Administrator des Rechners.

Was ist das, ein Administrator? Ein Administrator ist jemand, der Programme am Rechner installieren und deinstallieren kann, der Benutzer anlegen, löschen und darf sowie der Drucker und Scanner installieren kann etc. Sie sehen, der Administrator wird eine sehr wichtige Rolle übernehmen.

Der Administrator

Wir werden später noch genauer herausarbeiten, wie sich ein Administrator von einem normalen Benutzer unterscheidet, was seine Funktionen und seine Berechtigungen angeht.

> *Dieser Administrator also, den Sie jetzt anlegen, erhält sehr viele Befugnisse an Ihrem Computer. Deshalb sollten Sie sich sehr gut überlegen, wie dieser Administrator heißt und mit welchem Kennwort er zu versehen ist.*

Gehen wir zusammen die einzelnen Felder der Reihenfolge nach durch:

Vollständiger Name: Der Name kann Groß- und Kleinbuchstaben enthalten und eben den Namen des Administrators tragen. So könnte z. B. ein Administratorname *Jürgen Meier* heißen. Sie sehen richtig, es sind Umlaute möglich, es sind Groß- und Kleinbuchstaben möglich – alles kein Problem. Der Name des Administrators kann darüber hinaus zu einem späteren Zeitpunkt geändert werden.

21

Kapitel 1

Kritischer ist der *Account-Name*. Er darf nur über Kleinbuchstaben verfügen, Sie müssen auf Umlaute verzichten und der Account-Name kann standardmäßig vonseiten des Betriebssystems zu einem späteren Zeitpunkt nicht mehr geändert werden.

Bleiben wir bei dem Beispiel *Jürgen Meier*. Wenn Sie also *Jürgen Meier* als vollständigen Namen verwenden, empfiehlt es sich, als Account-Name *jmeier* zu benutzen. Ich würde Ihnen empfehlen, auf Sonderzeichen zu verzichten, das heißt der Account-Name erlaubt z. B. keine Leerzeichen, Satzeichen usw. Eine Angewohnheit von mir: Ich nenne den Administrator meistens tatsächlich Administrator und als Account-Name admin.

Jetzt wird es notwendig, ein Kennwort zu hinterlegen.

> Dieses Kennwort sollten Sie sich unbedingt merken, denn es ist immer dann notwendig, wenn Sie als Administrator Tätigkeiten ausführen müssen, wie beispielsweise Programme installieren oder löschen etc. Ich möchte noch einmal betonen, wie unheimlich wichtig dieses Kennwort ist und dass Sie ausgerechnet dieses niemals vergessen sollten. Ich zeige Ihnen aber später noch eine Möglichkeit, wie Sie sich ein neues vergeben können.

Tippen Sie also bei *Kennwort* und *Kennwort bestätigen* das identische Kennwort ein. Was ist ein gutes Kennwort? Ein gutes Kennwort enthält, das eine Kombination aus Buchstaben und Ziffern. Überlegen Sie sich also eine nette Buchstaben-Ziffern-Kombination, die Sie sich auch merken können.

Ein Beispiel: „1 Hund läuft über 2 Straßen." Das könnte ein Spruch für Ihr Kennwort sein. Das Kennwort würde dann heißen: 1Hlu2S (1 Hund läuft ueber 2 Straßen). Sie bauen sich eine Eselsbrücke, wandeln diese Eselsbrücke um und geben dieses bei *Kennwort* und *Kennwort bestätigen* ein.

> *Noch mal ein Hinweis zum Kennwort: Wenn Sie einer anderen Person dieses Kennwort mitteilen, so hat auch diese Person alle Rechte, um an dem Rechner administrativ tötig zu werden. Ein Administrator ist aber ein elementarer Benutzer an diesem Rechner. Dieses Kennwort sollte deshalb nicht weiterverbreitet werden. Im besten Fall sollte immer nur eine Person den administrativen Zugang zum Rechner besitzen.*

Die ersten zehn Minuten

"Normale Anwender" sollen nicht als Administrator arbeiten. Ein normaler Anwender hat keine Möglichkeiten, an Ihrem Rechner irgendwelche negativen Manipulationen durchzuführen. Ein Administrator dagegen ist eine Person, die auch an Ihrem Rechner (hoffentlich) immer weiß, was sie tut. Der *Administrator* erfüllt demnach eine sehr wichtige Funktion an diesem Rechner. Überlegen Sie sich also gut, wer Administratorrechte bekommt, wie dieser Administrator-Account heißt und wie dessen Kennwort aussieht.

> *Sie könnten übrigens auf das Kennwort verzichten. Damit hätte jede Person die Freiheit, an alle Daten auf Ihrem Rechner zu gelangen. Unser Rat: Tun Sie es nicht!*

Sind alle Daten hinterlegt, also *Name, Account-Name, Kennwort, Kennwort bestätigen,* können Sie sich noch eine *Merkhilfe* geben. Sie erscheint immer dann, wenn Sie zu oft das falsche Kennwort eingegeben haben. Die Kennworthilfe ist eine Merkhilfe für Sie, damit Sie sich möglicherweise an Ihr Kennwort erinnern. Hinterlegen Sie bitte nicht das eigentliche Kennwort, sondern geben Sie sich selbst eine kleine Hilfestellung, um sich wieder an das Kennwort zu erinnern.

Abschließende Einstellungen

Mit *Fortfahren* bestätigen Sie den Account. Sie gelangen in die nächste Option, hier wählen Sie ein Bild aus. Hat Ihr Computer eine interne Kamera eingebaut oder besitzen sie eine externe iSight-Kamera, können Sie einen Schnappschuss von sich erzeugen. Andernfalls können Sie auch aus dem Bildarchiv ein Icon für den Benutzer auswählen. Dann war es das schon fast. Es folgt nun noch die Definition der *Zeitzone*. Dort können Sie eine Stadt Ihrer Wahl aussuchen. Sie werden für Deutschland vermutlich Berlin, Hamburg oder München wählen. Für Österreich und die Schweiz ist die Verfahrensweise ähnlich. Oder aber Sie aktivieren via *Zeitzone automatisch anhand des Aufenthaltsorts festliegen* und überlassen somit die Arbeit Ihrem neuen Laptop. Dabei wird Ihre WiFi-Verbindung zur Suche verwendet.

Kapitel 1

Zeitzone

Mit *Fortfahren* bestätigen Sie auch das wieder. Überprüfen Sie, ob Datum und Uhrzeit korrekt eingestellt sind. Wenn dies der Fall ist: wiederum mit *Fortfahren* diese Einstellung bestätigen. Danach folgt noch der Hinweis, dass Sie sich registrieren sollten – darüber hatten wir ja vorhin schon gesprochen. Dabei geht es um die Übersendung der eingegebenen Registrationsinformationen über die zuvor aktivierte Internetverbindung.

Fertig!

Die ersten zehn Minuten

Mit *Fertig* haben Sie die Grundkonfiguration von Mac OS X erfolgreich hinter sich gebracht. Wenige Sekunden später erscheint nun der Schreibtisch auf Ihrem Rechner. Sie müssten unten das *Dock* sehen. Es sollte oben die sogenannte Menüleiste erscheinen. Nun kann die Arbeit mit MAC OS X 10.6 Snow Leopard beginnen.

Haben Sie Ihre Apple-ID eingetragen, kann bei bestehender Internetverbindung Ihre iDisk erscheinen.

Und des Weiteren sehen Sie oben rechts in der Ecke die sogenannte Spotlight-Lupe. Da Sie Ihren Rechner neu installiert haben, wird diese nun Ihre Festplatte indizieren, was durch das Blinken eines kleinen Punkts in der Lupenmitte dargestellt wird. Was man mit Spotlight alles anstellen kann, erfahren Sie natürlich im weiteren Verlauf des Buchs.

Kapitel 1

Die ersten wichtigen Einstellungen nach erfolgreicher Installation

Sie haben es bereits ausgetestet: Wenn Sie den Computer jetzt neu starten, wird sich automatisch, stets ohne Kennwortabfrage, der Administrator einloggen und die Betriebssystemoberfläche, der Finder, wird erscheinen. Das stellt definitiv ein Sicherheitsrisiko dar, denn so kann jede andere Person den Computer einschalten und Zugriff auf Ihre Daten nehmen. Wie kann man diesen Zustand verändern?

Sie sehen links oben in der Menüleiste den Apfel, das ist das sogenannte *Apfelmenü*. Dort befindet sich der Eintrag *Systemeinstellungen*. Wählen Sie diesen bitte als Erstes an.

Systemeinstellungen

Alternativ dazu hätten Sie auch das Icon für Systemeinstellungen am unteren Rand des Bildschirms, im sogenannten Dock, anklicken können. Sowohl der Weg über das -Menü als auch der Weg über das Dock startet das Programm *Systemeinstellungen*.

Systemeinstellungen via Dock

Die ersten zehn Minuten

Was sind die Systemeinstellungen? Systemeinstellungen bieten Ihnen die Option, das Erscheinungsbild und die Funktionalität Ihres Betriebssystems zu modifizieren. Wir werden über die Systemeinstellungen im Buch weiter hinten noch ausführlicher berichten. Für den Beginn reichen hier einige wichtige Einstellungen, damit die Computeroberfläche sich so verhält, wie Sie es erwarten.

Benutzer – Automatische Anmeldung

Die Idee ist, die automatische Anmeldung als Administrator dahingehend zu verändern, dass eine Kennwortabfrage erscheint, sobald der Mac eingeschaltet wird. Hierzu wählen Sie den Eintrag *Benutzer* aus. Sie finden diesen in den *Systemeinstellungen* in der letzten Zeile, das zweite Symbol von links. Dort finden Sie auch einen Benutzer, der Administratorrechte hat, vor und Sie müssten links unten ein zugesperrtes Schloss sehen. Dieses Schloss müssen Sie als Erstes entriegeln, um eine Änderung vornehmen zu können.

Nur der Administrator kann aufsperren

Nun wird der Administrator-Account abgefragt. Das heißt, bei *Name* und *Kennwort* sind Ihre Administratordaten einzutragen. Mit *OK* bestätigen Sie den Dialog und danach sollte das zuvor noch zugesperrte Schloss geöffnet dargestellt sein.

Gleich oberhalb finden Sie den Eintrag *Anmeldeoptionen*. Klicken Sie diesen an. Die Bildschirmdarstellung ändert sich, Sie sehen relativ weit oben den Eintrag *Automatische Anmeldung*. Und Sie sehen, dass bei *Automatische Anmeldung* Ihr Administratorname eingetragen ist. Das bedeutet, der Mac loggt sich beim Start als Administrator ohne weitere Kennwortabfrage ein.

Sie wählen in dem Menü neben *Automatische Anmeldung* den Eintrag *Deaktiviert* aus. Das hat zur Konsequenz, dass beim nächsten Neustart der Rechner nach der Authentifizierung fragt. Sie müssen sich dann mit Ihrem Administratornamen und mit Ihrem Kennwort zu erkennen geben. Wir werden später noch darüber berichten, wie Sie an dieser Stelle weitere Benutzer einrichten. Denn wie vorhin bereits erwähnt, arbeitet man in vielen Fällen nicht im Admi-

Kapitel 1

nistratormodus an einem Computer, denn der Administrator ist ausschließlich dazu da, um am Rechner Änderungen vorzunehmen – und nicht in Anwendungen zu arbeiten.

Ein neuer Benutzer

Durch die Installation haben Sie einen sogenannten Admin-User angelegt. Dieser hat sehr weitreichende Befugnisse und deshalb ist es ratsam, einen zweiten Benutzer anzulegen, mit dem Sie normalerweise arbeiten.

Sind administrative Tätigkeiten notwendig, so können Sie jederzeit zum Admin-User wechseln oder einfach kurzfristig die Admin-Daten eintragen.

Autorisierung als Administrator

In den Systemeinstellungen *Benutzer* finden Sie das Plus-Symbol, mit dem Sie nun den Anwender erzeugen, unter dem Sie in Zukunft arbeiten werden.

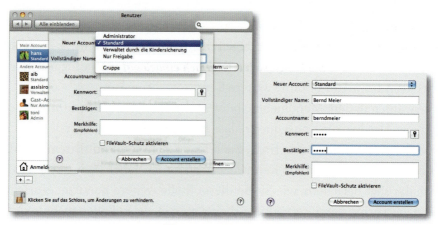

Ein neuer Benutzer

Die ersten zehn Minuten

Sollte Ihr Mac-Rechner von mehreren Usern verwendet werden, dann legen Sie einfach so viele Benutzer an wie notwendig. Jeder bekommt sein eigenes Kennwort und einen eigenen Bereich auf der Festplatte, der den Blicken der anderen versperrt ist.

Ist der Benutzeraccount erfolgreich angelegt worden, sollten Sie sogleich mal dahinwechseln. Klicken Sie das -Menü an und wählen den untersten Eintrag *xyx abmelden* aus. Dabei werden alle Programme und Fenster geschlossen, es erscheint das sogenannte Anmeldefenster mit einer Liste aller Anwender dieses Rechners. Klicken Sie Ihren Benutzereintrag an und geben das Kennwort dazu ein.

Sie haben sich erfolgreich eingeloggt

Kapitel 1

Ausschalten / Ruhezustand / Einschalten

Manchmal kann es auch vorkommen, dass Sie Ihren Computer ausschalten wollen :-). Die Funktionen *Ausschalten*, *Neustart* oder auch *Ruhezustand* finden Sie allesamt im -Menü.

Deutlich cooler ist die Verwendung von Shortcuts:

- Ausschaltdialog: *ctrl* + ⏏
- Alle Programme beenden und neustarten: *ctrl* + *cmd* + ⏏
- Ruhezustand: *cmd* + *alt* + ⏏
- Sofort neustarten: *cmd* + *ctrl* + ⏏
- Normales Ausschalten: ⏏ *Ein-/Ausschaltknopf*
- Schnelles Abmelden: *cmd* + ⇧ + *Q*
- Abmelden ohne Rückfrage: *cmd* + ⇧ + *alt* + *Q*

Die Spezialtasten

Die Auswurftaste und der Ein-/Ausschaltknopf

Die ersten zehn Minuten

Diese Spezialtasten finden Sie allesamt auf Ihrer Tastatur, und zwar links von der Leertaste. Die ⏏-Taste hingegen ist rechts oben auf Ihrer Tastatur zu finden und dessen eigentliche Funktion ist das Auswerfen von externen Datenträgern. Aber wie Sie sehen, kann man mit dieser Taste allerlei nette Funktionen auslösen.

Statt der Verwendung der Shortcuts können Sie über das kurze Drücken des *Einschaltknopfs* den tragbaren Mac ebenso in den Ruhezustand bringen.

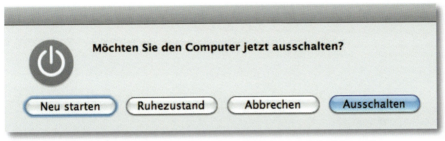

Auswahlmöglichkeit nach Drücken des Einschaltknopfs

> *Wennn Sie Ihren tragbaren Rechner einfach zuklappen, dann wird wenige Sekunden später, dieser in den Ruhezustand gehen. Sie erkennen diesen an der blinkenden Anzeige auf der Vorderseite Ihres tragbaren Mac-Rechners. Sobald Sie wieder aufklappen, wacht Ihr Computer auf und Sie können die Arbeit dort fortsetzen, wo Sie zuletzt geendet hatten.*

Kapitel 2:
Ab ins Internet

Kapitel 2

Ab ins Internet

Keine Frage: Wenn Sie einen Rechner besitzen, müssen Sie mit dem Internet in Kontakt treten. Auf den folgenden Seiten gebe ich Ihnen wichtige Tipps und Informationen, wie diese Kontaktaufnahme möglichst problemfrei stattfinden kann. Und im zweiten Teil des Kapitels sprechen wir über Programme und Funktionen, die Apple standardmäßig installiert, damit die Arbeit im Internet auch möglichst reibungslos klappt.

> *Es ist ratsam, für jede Art des Internetzugangs eine eigene* **Umgebung** *zu definieren. So können Sie rasch zwischen den Umgebungen wechseln und die Art, wie Sie auf das Internet zugreifen möchten, ändern.*

Systemeinstellung –> Netzwerk – Neue Umgebung

Gehen Sie dazu in den *Systemeinstellungen* zu *Netzwerk* und klappen neben dem Begriff *Umgebung* das Pulldown-Menü auf. Wählen Sie nun den untersten Eintrag *Umgebungen bearbeiten*. Dort können Sie neue definieren, bestehende umbenennen oder auch löschen.

Ab ins Internet

Alle Umgebungen, die Sie erstellt haben, erscheinen zudem im -Menü unter Umgebung. Damit haben Sie einen sehr schnellen Zugang zu den erstellten und definierten Umgebungen. Wozu ist das gut und notwendig? Sie besitzen beispielsweise einen tragbaren Rechner. Zu Hause muss dieser tragbare Rechner drahtlos über AirPort mit ihrem Hausnetzwerk, z. B. Ihrem WLAN-Router, sprechen. In einer Firma oder während der Ausbildung an einer Hochschule haben Sie andere Anforderungen, wie die Netzwerkverbindung herzustellen ist – möglicherweise drahtgebunden oder auch drahtlos, aber mit komplett anderen Einstellungen als zu Hause. So definieren Sie verschiedene Umgebungen und können über das -Menü rasch zwischen ihnen hin- und herwechseln.

Schnelles Wechseln der Umgebungen via -Menü

Verbindung ins Internet via Telefon und Bluetooth

Besitzen Sie ein Mobiltelefon mit Bluetooth, dann können Sie dieses Telefon verwenden, um vom Rechner aus, der natürlich auch über Bluetooth verfügen muss, eine Verbindung zum Internet aufzubauen. Sie müssen dabei angeben, mit welcher Telefonnummer Sie bei Ihrem Provider anrufen und wie Ihre Zugangsdaten lauten.

Kapitel 2

Bluetooth-Einstellungen

> Hatten Sie bisher noch keinen Kontakt mit Ihrem bluetoothfähigen Mobiltelefon, so sollten Sie, bevor Sie die Netzwerkeinstellungen konfigurieren, in den **Systemeinstellungen –> Bluetooth** Ihr Telefon mit Ihrem Computer koppeln, um diese Funktionalität überhaupt verfügbar zu machen.

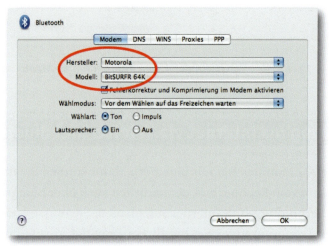

Treiber für das Telefon auswählen

Ab ins Internet

Das größte Problem bei der Verwendung eines Mobiltelefons für den Internetzugang dürfte die Verfügbarkeit der nötigen Treiberprogramme sein, damit Ihr Computer auch vernünftig mit dem Telefon sprechen kann. In den *Weiteren Optionen* finden Sie das Register *Modem*. Hier können Sie für verschiedene Hersteller und verschiedene Modelltypen die dazugehörige Treibersoftware auswählen. Sollte für Ihr Telefon keine vorhanden sein, sollten Sie im Internet mal prüfen, ob dort etwas zu holen ist. Dazu verwenden Sie eine alternative Internetzugangsart, über die Sie hoffentlich verfügen :-). Installieren Sie die notwendige Software und stellen es hier ein.

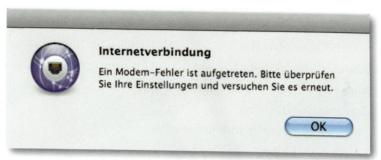

Fehler in der Kommunikation mit dem Mobiltelefon.

So sieht es also aus, wenn Sie eine nicht passende Software für Ihr Mobiltelefon ausgewählt haben.

> Die Verbindung zum Internet über ein Mobiltelefon kann über den sogenannten GSM- und GPRS-Dienst hergestellt werden. Beide sind leidlich langsam. Deutlich besser und schneller ist UMTS. Für UMTS sind aber spezielle Karten oder spezielle Software nötig und natürlich auch ein Telefon, das die UMTS-Arbeitsweise beherrscht. Fragen Sie bei Ihrem Apple-Händler oder auch bei einem Mobilfunkhändler nach, welche Lösungen es gibt. Leider ist die Anzahl der Software- und Hardwarekomponenten, um über UMTS im Internet zu arbeiten, für den Mac etwas eingeschränkt, weil hier die Produktvielfalt nicht besonders groß ist. Aber Sie werden sicher eine Lösung für Ihr Problem finden.

Kapitel 2

iPhone und Tethering

Sofern Sie ein iPhone besitzen, können Sie *Tethering* aktivieren.

> *Informieren Sie sich jedoch zunächst bei Ihrem Telefonprovider, ob dies vertraglich gestattet ist und ob eventuell Zusatzkosten auf Sie zukommen.*

Mit Version 3.0 der iPhone-Software hält diese Funktion nun Einzug in das Leistungsverzeichnis des iPhones. Das Zauberwort lautet: Tethering. Mit Tethering wird eine Verbindung zwischen Computer und iPhone hergestellt. Das kann wahlweise über das USB-iPhone-Kabel oder Bluetooth geschehen. Ist die Verbindung hergestellt, können Sie am Computer den Browser oder das E-Mail-Programm Ihrer Wahl starten und über das iPhone werden die Daten aus dem Internet angefordert.

Sie beenden das Tethering, indem Sie entweder

- das USB-Kabel lösen
- oder bei einem der beiden Bluetooth deaktivieren
- oder noch einfacher: am iPhone das Tethering wieder ausschalten.

Voraussetzung für ein erfolgreiches Tethering ist die Installation der dazugehörigen Profildatei (Stand: Juni 2009).

Fragen Sie bei Ihrem Provider nach, woher Sie diese Profildatei bekommen und ob Tethering Bestandteil Ihres Vertrags ist. Zur Installation wird die Datei auf das iPhone heruntergeladen und installiert sich anschließend von selbst.

Tethering am iPhone aktivieren

Tethering muss, wie auch der WLAN-Zugang, erst einmal am iPhone aktiviert werden. Tippen Sie auf *Einstellungen –> Allgemein –> Netzwerk* und dann auf *Internet-Tethering*.

Ab ins Internet

Internet-Tethering wird in den Netzwerk-Einstellungen konfiguriert

Aktivieren Sie das Internet-Tethering, indem Sie den Schalter umlegen. Jetzt werden die beiden Möglichkeiten angezeigt, über die eine Verbindung hergestellt werden kann. Tippen Sie auf *Bluetooth aktivieren* oder *Nur USB* – je nachdem, welche Art von Verbindung Sie herstellen möchten.

Das iPhone informiert darüber, wie es mit dem Rechner verbunden werden kann

USB-Kabelverbindung mit dem Mac herstellen

Ist Tethering am iPhone aktiviert und stecken Sie das Kabel an einen Mac-Rechner an, erscheint sofort die Meldung, dass ein neuer Netzwerkanschluss verfügbar ist.

Mac OS X bemerkt sofort, dass ein neues Modem verfügbar ist, und zeigt es an. In diesem Fall ist es der Netzwerkanschluss en4

Merken Sie sich die Bezeichnung des Netzwerkanschlusses, damit Sie ihn anschließend eindeutig in der Liste aller Netzwerkanschlüsse Ihres Rechners identifizieren können. Das iPhone-Modem gibt sich als Ethernetanschluss zu erkennen und bekommt automatisch eine zusätzliche Nummer zugewiesen. Das ist eine nächsthöhere Zahl als bisher vorhanden.

Wechseln Sie dann in die Netzwerkeinstellungen, indem Sie auf *Systemeinstellung –> Netzwerk* klicken. Wählen Sie im nächsten Schritt die richtige Schnittstelle an und klicken Sie auf *Anwenden*. Die Verbindung wird hergestellt und in den Netzwerkeinstellungen sehen Sie auch alle Daten zur Verbindung, wie etwa die IP-Adressen.

Ab ins Internet

Die Verbindung zum Mac ist hergestellt

Sobald die Verbindung hergestellt ist, werden Sie auch vom iPhone darauf hingewiesen. Sie erkennen das an der blauen Einfärbung am oberen Rand des iPhone-Displays und dem Hinweis Internet-Tethering.

Verbindung hergestellt. So surfen Sie über eine Modem-Verbindung zu Ihrem iPhone

Kapitel 2

Verbinden per Bluetooth

Damit diese Art der Verbindung klappt, müssen Sie das iPhone als Bluetooth-Gerät mit Ihrem Rechner koppeln. Am Mac funktioniert das so, wie im folgenden Abschnitt beschrieben. Das Koppeln am Windows-Rechner läuft analog der Windows-Systemeinstellungen.

Starten Sie die *Systemeinstellungen* und klicken Sie dann auf *Bluetooth*. Wählen Sie jetzt *Neues Gerät konfigurieren* und *Fortfahren*.

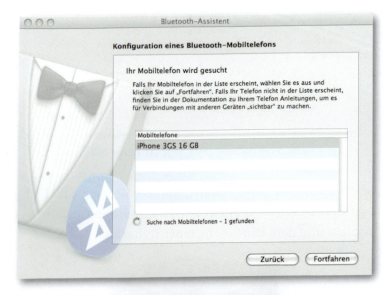

Das iPhone wird von Mac OS erkannt und umgekehrt

Ab ins Internet

Tippen Sie am iPhone auf *Koppeln* und am Mac auf *Fortfahren* und *Beenden*. Jetzt sind iPhone und Mac gekoppelt.

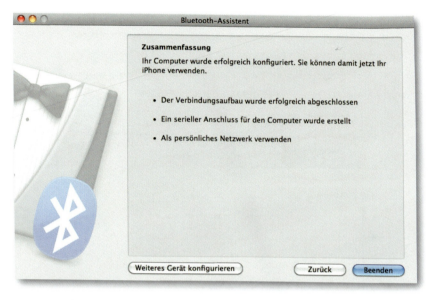

Kopplung war erfogreich

Jetzt meldet der Rechner erneut einen neuen Netzwerkanschluss.

Das iPhone ist als Netzwerkanschluss erkannt worden

Und schon sind Sie drin.

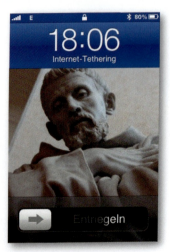

Der blaue Balken am iPhone zeigt die Verbindung

Ab ins Internet

Wollen Sie die Verbindung wieder trennen, dann können Sie die Bluetooth-Verbindung kappen oder Tethering am iPhone in dessen Einstellungen deaktivieren.

iPhone ist vom Rechner getrennt

UMTS-Stick

web'n'walk-Stick von T-Mobile

Besonders elegant ist natürlich die Nutzung eines UMTS-Sticks. Dazu muss eine SIM-Karte eingelegt sein, um über HSDPA (7,2 MBit/s), UMTS (3,6 MBit/s), GPRS (56 kBit/s) oder EDGE (220 kBit/s) surfen zu können. Die Geschwindigkeit des Internetzugangs hängt vom verwendeten Stick und natürlich von Ihrem Vertrag ab.

Kapitel 2

> *Viele Telefonprovider geben Ihnen zu Ihrer SIM-Karte fürs Telefon noch eine weitere – manchmal kostenfreie und oft kostenpflichtige – zweite SIM-Karte dazu. Diese können Sie permanent in den Stick einbringen.*

web'n'walk-Stick an den Rechner angeschlossen

web'n'walk-Sticks von T-Mobile

Die Installationsroutine unterscheidet sich von Hersteller zu Hersteller. Hier sei beispielhaft die des web'n'walk-Sticks von T-Mobile dargestellt. Dort befindet sich das Installationsprogramm bereits auf dem Stick und muss nicht extra aus dem Internet heruntergeladen werden.

Installation der Software

Ab ins Internet

Die Installationssoftware ist ebenso im Internet auffindbar

In diesem Fall werden die notwendigen Treiberdateien und das passende Programm automatisch installiert.

Software für die Nutzung des Sticks

Nun kann das dazugehörige Programm gestartet werden. Klicken Sie auf *Verbinden,* geben die PIN der SIM-Karte ein und schon ist die Verbindung hergestellt.

Nach der PIN-Eingabe ist die Verbindung hergestellt

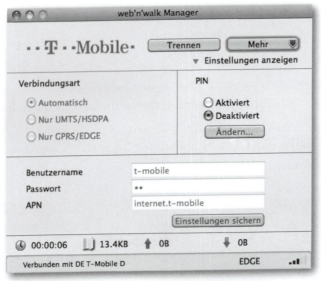

Einstellungen des UMTS-Stick-Programms

Stellen Sie dort noch ein, wie der Stick sich verbinden soll und hinterlegen Sie, ob das Programm nach dem Rechnerstart sofort gestartet werden soll oder ob Sie eine PIN-Änderung wünschen.

Ab ins Internet

Datentransfervolumen im Überblick

Bei einigen Verträgen wird nicht nach Zeit, sondern nach Volumen abgerechnet. Deshalb finden Sie in den Einstellungen den Reiter *Datentransfer*, um die Kosten stets im Blick zu haben. Jetzt können Sie mit Ihrem tragbaren Mac-Rechner überall ins Internet gelangen.

Bei der Installation des web'n'walk-Sticks wird eine passende Umgebung mit allen Eigenschaften erzeugt. So können Sie bei Bedarf die Umgebung auswählen, die web'n'walk Manager-Software starten – und schon sind Sie im Internet.

Neue Umgebung mit allen Einstellungen

Kapitel 2

launch2net

Wie sieht es aber aus, wenn Sie keinen UMTS-Stick von T-Mobile haben, sondern von einem anderen Anbieter wie z. B. Aldi? Kein Problem! Für den Mac gibt es eine tolle Software mit dem Namen „launch2net" von der Firma Novamedia (www.novamedia.de). Der große Vorteil der Software besteht darin, daß sie mit einer Vielzahl von UMTS-Sticks kompatibel ist.

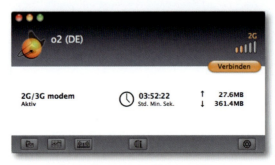

launch2net von Novamedia

Die Software bietet auch eine Übersicht über alle Verbindungen, deren Dauer und Transfervolumen. Damit haben Sie immer Kontrolle über den Datentransfer. Sie können sogar ein Limit für das Transfervolumen oder die Sessionszeit eingeben. Werden die Limits überschritten, dann beendet die Software die Verbindung automatisch. Damit können Sie Zusatzkosten vermeiden, wenn Sie einen Vertrag mit maximalen Transfervolumen haben.

Kontrolle über das Transfervolumen und die Online-Zeit

Ab ins Internet

Ein besonderes Highlight der Software ist das Einrichten eines Wi-Fi-Netzes, damit mobile Geräte wie z. B. das iPad, das iPhone oder jedes andere Smartphone den UMTS-Stick zum Surfen verwenden können. Nachdem das Wi-Fi-Netz in der Software aktiviert wurde, können Sie über WLAN z. B. das iPad einloggen und sofort eine Internetverbindung aufbauen.

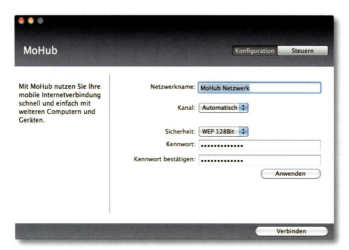

Die Software kann über WLAN die Internetverbindung anderen Geräten zur Verfügung stellen.

MiFi 2352 von Novatel Wireless

Es gibt Produkte, die sind einfach nur pfiffig. Das *MiFi 2352* gehört in diese Kategorie. Das Produkt ist in Weiß und in Schwarz erhältlich und verfügt neben einem Micro-USB-Anschluss und einem Micro-SD-Kartenleser über einen SIM-Kartenslot, der sich im Inneren des Gerätes unterhalb des Akkufachs befindet.

Das MiFi 2352 in schwarzer Farbe inkl. Rückansicht. Abmessungen: 62 mm × 98 mm × 15 mm, Gewicht: nur 81 g.

Kapitel 2

Was macht dieses Gerät nun so interessant? Ganz einfach: Durch das Einbringen einer normalen SIM-Karte, die z. B. über eine Internet-Flatrate verfügt, kann dieser Internetzugang vom MiFi 2352 per WLAN dem MacBook zur Verfügung gestellt werden. Und damit nicht genug – es können maximal fünf Geräte (Computer, iPhones, iPads etc.) per WLAN mit dem MiFi verbunden werden und den HSUPA/HSDPA/UMTS/EDGE/GPRS-Internetzugang des Geräts nutzen.

> *Besonders interessant ist zudem die Eigenschaft, dass die Wi-Fi-Funktion des Geräts über zehn Meter reicht. So kann das MiFi an einer Position angebracht werden, an der guter UMTS-Empfang herrscht, während Sie innerhalb der Wohnung bequem auf der Couch sitzend im Web surfen, wo normalerweise der Empfang leidlich schlecht ist.*

Durch den Einsatz des auswechselbaren Lithium-Ionen-Akkus können Sie das Gerät auch für mehrere Stunden, z. B. bei einer Bahnfahrt oder im Auto, problemfrei einsetzen (ca. vier Stunden). Während einer Autofahrt können Sie das Gerät mit einem passenden Adapter auch aufladen.

Über den Micro-USB-Anschluss erfolgt die Stromversorgung, die entweder über eine Steckdose oder ein anderes USB-Gerät erfolgen kann. Zudem könnten Sie Ihren Computer mit USB an das MiFi anschließen, um drahtgebunden damit ins Internet zu gelangen. Besonders toll gelöst sind die sehr einfache Installation und Konfiguration des Geräts, die auch für Laien problemfrei durchzuführen ist:

1. SIM-Karte unterhalb des Akkufachs einlegen.
2. Akku wieder einbauen und zunächst mit dem mitgelieferten Ladekabel an die Steckdose anschließen.
3. Gerät durch den Einschalter auf der Oberseite aktivieren.
4. Nach wenigen Sekunden wird der Einschaltknopf durch grüne Farbe signalisieren, dass die SIM-Karte einen Internetanschluss etabliert hat. Blaues Licht auf der schmalen Vorderseite zeigt an, dass Wi-Fi zur Verfügung steht.
5. Ihr MacBook muss nun noch eine Verbindung zum MiFi aufbauen.

Ab ins Internet

6. Im Regelfall ist auf Ihrer SIM-Karte ein PIN hinterlegt. Starten Sie also nun Safari, geben als Internetadresse 192.168.1.1 ein und tragen Sie dort die PIN ein.

PIN-Eingabe via Safari.

Wenn Sie möchten, können Sie das Häkchen bei *PIN speichern* anbringen, um diese Eingabe in Zukunft überflüssig zu machen. Und nun können Sie nach Herzenslaune im Internet surfen, E-Mails bearbeiten etc.

Zudem hat sich das MacBook den MiFi gemerkt, so dass es in Zukunft, nach dem Einschalten den MiFi sofort erkennt.

Wenn Sie unterwegs sind und zusätzlich ein iPad dabei haben, dann können Sie auch diesen mit dem MiFi arbeiten lassen und ins Internet gelangen.

Das MiFi stellt Ihnen also einen mobilen Hotspot zur Verfügung, den Sie schlicht und ergreifend überall verwenden können.

Kapitel 2

Ein iPad und ein iPhone nutzen zur gleichen Zeit den Internetzugang.

Noch zwei Anmerkungen zur Verwendung des Geräts:

a) Sofern Sie die PIN-Speicherung aktiviert haben, könnte theoretisch jeder andere Anwender in der Reichweite des MiFi es zum Surfen verwenden. Das sollten Sie unterbinden, indem Sie das Wi-Fi mit einem Kennwort versehen. Dazu rufen Sie via Safari und die IP-Adresse 192.168.1.1 die Konfigurationsseite des Geräts auf. Geben Sie rechts oben das Admin-Kennwort ein, das in den mitgelieferten Unterlagen zu finden ist und wählen dann den Menüpunkt *Wi-Fi-Profile* aus.

Ein sicheres Profil für den Wi-Fi-Zugang erstellen.

Ab ins Internet

Dort klappen Sie neben *Profil* den Eintrag *Sicher* auf und geben darunter bei *SSID* Ihrem Hotspot einen neuen Namen, wählen bei *Sicherheit* den gewünschte Verschlüsselung und geben bei *Netzwerkschlüssel* das gewünschte Kennwort ein.
Hat alles geklappt, müssen bereits verbundene Geräte nochmals mit dem MiFi verbunden werden.

b) Darüber hinaus können Sie ebenso auf die Daten einer eingelegten Micro-SD-Karte zugreifen, aber leider nicht darauf schreiben:

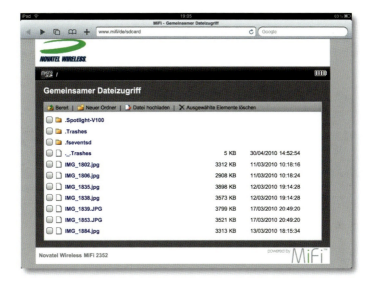

Noch ein letzter Hinweis: In einigen Fällen, müssen Sie für Ihre SIM-Karte noch die Zugangsdaten (APN) für den Internetzugang eintragen. Dazu wählen Sie im Menü *Internet* den Eintrag *Profile* aus und geben dort die spezifischen Daten ein.

Kapitel 2

APN-Zugangsdaten für die SIM-Karte.

Verbindung über ein DSL-Modem oder ein Kabelmodem

Deutlich schneller ist eine Verbindung über die Funktionalität DSL- oder Kabelmodem. Sie sollten zuerst prüfen, ob an Ihrem Wohnort die Möglichkeit besteht, DSL zu verwenden, um ins Internet zu gelangen. Ebenso ist zu checken, ob eine Kabelmodemverbindung denkbar ist.

Netzwerkassistent hilft bei der Einrichtung des DSL-Zugangs

Ab ins Internet

Verwenden wir zur Einrichtung den *Netzwerkassistenten (Systemeinstellungen –> Netzwerk –> Assistent)*. Hier nun wählen wir die Verwendung eines DSL-Modems aus. Im nächsten Fenster werden Sie darauf hingewiesen, dass das DSL-Modem mit Ihrem Rechner verbunden sein muss, damit die weitere Konfiguration stattfinden kann. Anschließend sind Ihre Verbindungsdaten einzugeben.

DSL-Zugangsdaten

Wenn Sie sich fragen, warum hier auf einmal ein Begriff namens *PPPoE* auftaucht, dann ist diese Erklärung vielleicht nützlich: Das *E* am Ende steht für Ethernet, d. h. Sie schließen Ihr DSL-Modem an Ihren Ethernetanschluss an. Das *o* steht für over und *PPP* heißt, Sie bauen eine Punkt-zu-Punkt-Verbindung Ihres Rechner mit dem Internet auf.

Menulet in der Menüleiste

Kapitel 2

Haben Sie den Assistenten erfolgreich abgeschlossen, so können Sie mit *Systemeinstellungen –> Netzwerk* den sogenannten *PPPoE-Status in der Menüleiste anzeigen* lassen. Damit haben Sie eine schnelle Zugriffsvariante, um PPPoE zu aktivieren, sprich die Verbindung aufzubauen bzw. zu trennen.

Randbemerkung: Es gehört nicht wirklich zum Thema Verbindung zum Internet aufbauen, eignet sich aber, an der Stelle kurz besprochen zu werden: Sie haben gesehen, dass Sie die Menüleiste durch eine Reihe von Zusatzfunktionen anreichern können: den Modem-Status, den Bluetooth-Status, den PPPoE-Status, den Batterieladestatus usw. Gibt es irgendwo eine Übersicht, welche Statusfunktionen dort eingeblendet werden können? Ja, die gibt es! Im Ordner *System/Library/CoreServices/Menu Extras* finden Sie eine Übersicht der sogenannten Menulets. Wenn Sie eine dieser Funktionen in Ihrer Menüleiste haben möchten, klicken Sie einfach doppelt auf die Datei und schon wird das dazugehörige Symbol oben in der Menüleiste erscheinen. Die Menüleiste verhält sich dabei ähnlich wie das Dock oder die Seitenleiste: Sie können die Symbole, wenn Sie sie mit der *cmd-Taste* anklicken, beliebig in der Reihenfolge verändern oder auch mit gedrückt gehaltener *cmd-Taste* wieder aus der Menüleiste verpuffen lassen.

Menulets und deren Ablageort

Ab ins Internet

Doch nun wieder zurück zu der Kontaktaufnahme mit dem Internet. Wir haben erfolgreich PPPoE konfiguriert. Auch hier kann ein Blick in die weiteren Optionen nicht schaden.

Proxy-Daten

Ein Proxy-Rechner ist ein Pufferrechner. Das bedeutet, Sie nehmen Kontakt auf mit dem Pufferrechner und müssen nicht das ganze Internet nach einer Internetseite absuchen. Das hat zumeist den Vorteil, dass das Arbeiten und Surfen im Internet deutlich schneller vonstattengeht. Informieren Sie sich also bei Ihrem Provider, der Ihnen den Internetzugang zur Verfügung stellt, welche Proxy-Einstellungen Sie hier tätigen können und berücksichtigen Sie erneut die Einstellungen bei PPP: Es kann unter Umständen ratsam sein, sofern Sie nicht mehr im Internet arbeiten, die Verbindung nach einer bestimmten Zeit zu trennen.

Kapitel 2

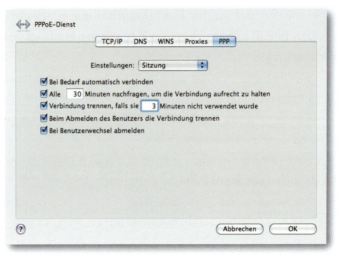

PPP-Einstellungen

Denn wenn Sie über keinen Flatrate-Tarif verfügen, dann kann es ziemlich ins Geld gehen, wenn Ihr Rechner nicht automatisch die Verbindung trennt. Geben Sie hier also ein Zeitintervall ein, wann die Verbindung automatisch deaktiviert werden soll, damit Sie nicht unnötig Kosten verursachen. Besitzen Sie einen Flatrate-Tarif, können Sie diese Einstellung getrost ignorieren. Hier gibt es auch die Möglichkeit, die Verbindungsaufnahme automatisch erfolgen zu lassen *(Bei Bedarf automatisch verbinden)*, was bedeutet: Wenn Sie ein Internetprogramm verwenden und dort eine Funktion starten, die des Internets bedarf, wird PPPoE automatisch eine Verbindung herstellen. Diese Einstellung macht durchaus Sinn und ich würde sie aktivieren.

Die drahtlose Verbindung ins Internet über AirPort

Drahtlos ins Internet zu gelangen, macht sehr viel Spaß, denn Sie müssen nicht an einem bestimmten Rechner sitzen, um kabelgebunden Kontakt mit dem Internet aufzunehmen. Sie bewegen sich in Ihrer Firma, in Ihrem Haus und haben überall den Zugriff auf das drahtlose Internet. Wie wird der Internetzugang hergestellt? Sie verbinden sich via AirPort mit einem WLAN-Router oder einem WLAN-Modem. WLAN bzw. WiFi ist die Abkürzung für drahtloses Netzwerk. Die Firma Apple bietet hierfür die sogenannte AirPort-Basisstation an. Sie können aber auch von jedem anderen Anbieter Geräte kaufen, die Ihnen diese Funktionalität zur Verfügung stellen. Somit sind zwei Dinge zu

Ab ins Internet

erledigen: Zum einen ist das Gerät zu konfigurieren, damit es in das Internet kommt, zum anderen ist Ihr Rechner zu konfigurieren, damit er mit diesem Gerät drahtlos in Kontakt treten kann. Ich kann im Rahmen des Buchs natürlich nicht alle Gerätschaften auflisten, wie dort jeweils der Internetzugang zu etablieren ist. Deshalb konzentrieren wir uns auf einige wesentliche Dinge:

- Wir verwenden die Apple AirPort-Basisstation dazu, um mit ihr über PPPoE und einem DSL-Modem den Kontakt zum Internet aufzubauen. Das bedeutet, die AirPort-Station hat die PPPoE-Zugangsdaten und sendet drahtlos ein Signal aus, so dass jeder Rechner drahtlos über die AirPort-Basisstation die Internetverbindung aktivieren kann.
- Die AirPort-Basisstation selber verweist auf einen Router. In dem Router sind die Zugangsdaten hinterlegt. Sie gibt also wiederum drahtlos die Information an alle Rechner weiter, dass eben ein anderes Gerät sich um die Einwahl ins Internet kümmert.

Haben wir die AirPort-Basisstation mit der einen oder anderen Konfiguration versehen, dann erst macht es Sinn, sie so einzustellen, dass andere Rechner drahtlos über diese Station das Internet verwenden können.

AirPort-Basisstation für die PPPoE-Einwahl konfigurieren

Das *AirPort-Dienstprogramm* im Ordner *Dienstprogramme* ist dazu da, um die Basisstationen aus dem Hause Apple zu konfigurieren. Unser erster Ansatz ist, die Basisstation einzustellen, damit sie über ein angeschlossenes DSL-Modem via PPPoE eine Internetverbindung etabliert. Starten Sie also zu diesem Zweck das *AirPort-Dienstprogramm*.

Icon des AirPort-Dienstprogramms

Sobald Sie das Programm gestartet haben, sollten sich in der linken Leiste die Produkte aus dem Hause Apple melden. Und Sie sehen im rechten Teil des Fensters einige Standardinformationen. Klicken Sie auf den Button *Manuelle Konfiguration*, um mit dieser Basisstation in Kontakt zu treten.

Kapitel 2

Das AirPort-Dienstprogramm hat eine Basisstation gefunden.

Im Regelfall wird die Basisstation von Ihnen ein Kennwort verlangen. Im Auslieferungszustand finden Sie dieses Kennwort in der Beschreibung, die beim Kauf Ihrer Basisstation beiliegt. Wir werden nachher noch sehen, wie Sie ein eigenes Kennwort vergeben.

> *Wenn Sie eine Basisstation das erste Mal konfigurieren, sollten Sie sie über das Ethernetkabel verbinden. Denn wenn Sie zum Beispiel die Software der Basisstation ändern, wird stets ein Neustart notwendig. Würden Sie das drahtlos versuchen, dann könnte es sein, dass nach dem Neustart die Verbindung zur Basisstation abgerissen ist und Sie nicht weiter konfigurieren können.*

Eine drahtgebundene Verbindung bietet Ihnen dagegen zusätzliche Sicherheit. Wenn Sie die drahtgebundene Variante bevorzugen, dann benötigt Ihr Apple-Rechner ebenso eine IP-Adresse um mit anderen Rechnern zu kommunizieren. Was ist hier einzustellen? Im Auslieferungszustand werden alle WLAN-Geräte im Regelfall mit der Funktionalität DHCP ausgeliefert. Das heißt, sie versorgen angeschlossene Geräte automatisch mit IP-Adressen. Deshalb verwenden Sie also die Kommunikationsmöglichkeit Ethernet und stellen dort DHCP ein. Somit sollte es kein Problem sein, mit dem AirPort-Dienstprogramm die Ethernetleitung dieser AirPort-Basisstation zu sehen und zu konfigurieren.

Ab ins Internet

Internetverbindung

War die Kommunikationsaufnahme mit Ihrer AirPort-Station erfolgreich, sollten Sie zunächst den Bereich *Internet* ansteuern und dort bei *Internetverbindung* die Eigenschaft *PPPoE* auswählen. Geben Sie nun hier Ihre Internetzugangsdaten ein. Definieren Sie anschließend im Reiter *PPPoE*, ob Sie die Verbindung permanent aufrechterhalten wollen oder ob nach einer bestimmten Zeit die Verbindung wieder getrennt werden soll.

PPPoE-Daten

63

Kapitel 2

Und zu guter Letzt: Im Reiter *DHCP* können Sie an Ihrer AirPort-Basisstation die Eigenschaft, dass Sie IP-Adressen automatisch vergibt, aktiviert lassen und einstellen, welche IP-Adressen kommuniziert werden. Damit bekommen alle Rechner, die drahtlos Verbindung mit dieser Basisstation aufnehmen, automatisch eine IP-Adresse zugewiesen und können sofort mit dem Surfen im Internet starten.

Haben Sie alle Einstellungen vorgenommen, klicken Sie rechts unten auf *Aktualisieren*. Nun wird die Basisstation mit Ihren eingetragenen Daten konfiguriert und startet neu.

AirPort-Basisstation verwendet einen Router für den Internetzugang

Kommen wir zur zweiten Möglichkeit: Ihre Basisstation kontaktiert einen Router und dieser stellt die Internetverbindung her. Das heißt, Ihre Basisstation hat nur eine Bedeutung, nämlich das Aussenden des Internetsignals drahtloser Natur.

> *Wie Sie wissen, gibt es Geräte, die beide Funktionen kombinieren, also sogenannte WLAN-Router, oder auch WLAN-Router inklusive ADSL-Modem. Ich bin ein Fan der All-in-One-Lösung.*

Leider gibt es Derartiges aus dem Hause Apple nicht. Ich habe gute Erfahrungen mit Produkten der Firma Netgear gemacht. Dort können Sie für die Größenordnung von 100 Euro und darunter einen sogenannten WLAN-Router inklusive ADSL-Modem erwerben. Das heißt, dieses Gerät stellt die Internetverbindung her, weil es ein Router ist. Damit können Sie kabelgebunden, also per Ethernet, in Kontakt mit dem Gerät treten. Die Eigenschaft WLAN bedeutet zudem, es sendet das Signal auch drahtlos aus, so dass Sie via AirPort damit arbeiten können.

Aber nachdem wir ein Apple-Gerät besitzen, können wir hier lediglich einstellen, mit welchem Router die Basisstation in Kontakt treten soll, um die Internetverbindung zu etablieren. Stellen Sie erneut die Verbindung mit Ihrer Basisstation her und wählen Sie den Reiter *Internet* aus. Nun belassen wir bei *Internetverbindung* bei *Verbinden über* die Einstellung *Ethernet*.

Ab ins Internet

Internetverbindung weist auf den Router hin

Dort vergeben Sie der Basisstation eine eigene IP-Adresse und – ganz wichtig – bei *Router* tragen Sie die IP-Adresse des Geräts ein, das die Internetverbindung herstellt. Ein guter Tipp ist, bei *DNS-Server* die gleiche Einstellung zu tätigen.

> *Prüfen Sie erneut bei* **DHCP**, *ob Sie möchten, dass die Basisstation IP-Adressen vergibt. Hierbei sollten Sie ein bisschen aufpassen, denn Router vergeben normalerweise auch selbstständig IP-Adressen. Sie müssen sich entscheiden, welches Gerät DHCP zur Verfügung stellt; es ist nicht möglich, in ein und demselben Netzwerk zwei DHCP-Versender zu haben. Diesen Job wird also entweder der Router oder Ihre AirPort-Basisstation übernehmen.*

Das war's! Auch hier können Sie nun über *Aktualisieren* die Einstellungen auf die Basisstation übertragen.

AirPort-Station geht auf Sendung

Unabhängig davon, ob die Basisstation jetzt über PPPoE oder über einen Router Kontakt mit dem Internet herstellt: Sie müssen der Basisstation noch mitteilen, dass Sie das Signal drahtlos und am besten unter Verwendung einer

Verschlüsselung sendet, damit Computer via AirPort diese Verbindung etablieren können. Bevor wir die Einstellungen für den Drahtlosversand vornehmen, prüfen Sie noch den Bereich *Basisstation*. Beides finden Sie, wenn Sie in der Symbolleiste des AirPort-Dienstprogramms den Eintrag *AirPort* anwählen.

Neues Kennwort für den Zugriff auf die Basisstation

Als Sie vorhin Kontakt mit der Basisstation aufgenommen haben, hat diese ein Kennwort von Ihnen verlangt, das werksseitig auf einen Standardwert eingestellt ist. Hier können Sie ein eigenes Kennwort definieren und dieses Kennwort am besten in den Schlüsselbund aufnehmen, damit Sie immer sehr einfach den Zugriff auf die Basisstation bekommen.

> *Der Schlüsselbund ist eine zentrale Datei, in der Sie alle Kennwörter ablegen können. Das tolle daran ist, dass beim Einloggen diese Daten automatisch zur Verfügung gestellt werden und somit ohne erneute Kennworteingabe der Zugriff auf WiFi, E-Mails, Netzwerkrechner etc. sofort ermöglicht. Unter* **Programme** *–>* **Dienstprogramme** *–>* **Schlüsselbundverwaltung** *können Sie alle hinterlegen Passwörter einsehen.*

Ab ins Internet

Signalverschlüsselung

Nun zu dem wichtigsten Reiter: *Drahtlos*. Dort gibt es drei sehr wichtige Einstellungen, nämlich zunächst *Name des drahtlosen Netzwerks*. Der Netzwerkname ist der Begriff, unter dem die angeschlossenen Computer diese Basisstation sehen werden.

Zweitens: Sie sollten einen Schutzmechanismus etablieren. Sie sehen, es gibt verschiedene Verschlüsselungsmethoden. Keine Verschlüsselung (*ohne*) ist die schlechteste aller Varianten. Wählen Sie eine andere Verschlüsselung, um die Sicherheit zu erhalten, dass nicht der Nachbar oder Kollege auf Ihre Kosten im Internet mitsurfen kann.

Haben Sie die Verschlüsselungsmethode *(Schutz)* ausgewählt, geben Sie das *Netzwerkkennwort* ein. Damit haben Sie alle notwendigen Einstellungen erledigt und Sie können mit *Aktualisieren* diese wieder auf die Station zurückschreiben. Wenn Sie den Schutz noch enger fassen wollen, gibt es den Reiter *Zugriff*. Im Reiter *Zugriff* können Sie eine Liste von Computern definieren, die drahtlos über diese Basisstation ins Internet gelangen können.

Kapitel 2

Zugriffsliste

Jeder Computer, der über AirPort verfügt, hat eine eindeutige AirPort-ID. Diese eindeutige AirPort-ID finden Sie an den Mac-Rechnern, wenn Sie in den *Systemeinstellungen* zu *Netzwerk* gehen, dort *AirPort* anklicken und die *Weiteren Optionen* verwenden. Diese AirPort-ID/MAC-Adresse ist im AirPort-Dienstprogramm einzutragen, um der AirPort-Basisstation mitzuteilen, dass dieser Rechner und nur dieser Rechner mit dieser weltweit einmaligen Nummer über die Basisstation ins Internet darf.

Verwenden Sie entweder ein Kennwort oder die Zugriffsliste. Wenn Sie beides zugleich machen, erhalten Sie einen Super-Mega-Doppel-Sicherheitsmechanismus, der eigentlich unnötig ist.

Alle Einstellungen erledigt? Dann sollten Sie nun diese Einstellungen für alle Fälle noch abspeichern. Das AirPort-Dienstprogramm bietet Ihnen im Menüpunkt **Ablage –> Sichern** *diese Möglichkeit an. Speichern Sie Ihre AirPort-Einstellungen als Datei auf einen Rechner. Denn es kommt immer wieder vor, dass Sie versehentlich die AirPort-Einstellungen geändert haben und die korrekten Einstellungen nicht mehr wissen. Wenn Sie die korrekten Einstellungen aber als Datei abgelegt haben, dann können Sie sie jederzeit wieder einlesen und auf die Basisstation übertragen.*

Ab ins Internet

Basisstation meldet sich bei den Rechnern

Hat alles funktioniert, können Sie an einen Rechner gehen und über das AirPort-Menü in der Menüleiste Zugriff auf die Basisstation nehmen.

Arbeiten Sie mit der Methode *Kennwort,* dann erscheint hinter der Basisstation ein Schlosssymbol. Das heißt: Will jemand mit dieser Basisstation arbeiten, muss er über das korrekte Kennwort verfügen. Geben Sie also das Kennwort ein und fügen Sie es im Normalfall wieder zum Schlüsselbund hinzu. Dann merkt sich Ihr Computer das Kennwort für die Drahtlosverbindung und Sie brauchen in Zukunft nie mehr das Kennwort eingeben, wenn Sie mit diesem Rechner am Internet arbeiten wollen. Jetzt noch einmal zurück zu der Idee, die AirPort-Basisstation sei lediglich für die Versendung des Internetsignals zuständig und ein Router kümmert sich um den Aufbau zum Internet.

Konfiguration eines Routers

Je nach Routerhersteller bieten diese ihr eigenes Interface an, um den Internetzugang einzurichten und zu konfigurieren. Bei den meisten Routern kann das über den Internetbrowser erfolgen. Das heißt, Sie geben in der Adressleiste von *Safari* die beim Router voreingestellte IP-Adresse ein.

Sodann meldet sich der Router und Sie können ihn Ihren Anforderungen entsprechend konfigurieren. Dabei gilt für einen Router das Gleiche, das wir vorhin schon für die Basisstation gesagt haben: Ein Router wird im Normalfall mit der Eigenschaft DHCP ausgeliefert. Und es wird eine Dokumentation mitgeliefert, auf der Sie seine voreingestellte IP-Adresse sehen. Sie schließen also den Router per Ethernetkabel an Ihren Rechner an und erstellen eine Umgebung mit Ethernet als Verbindungsmöglichkeit. Weiter definieren Sie, dass Ethernet über DHCP die IP-Adresse beziehen möge. Dann starten Sie Safari, geben die voreingestellte IP-Adresse des Routers ein – vermutlich will er noch ein Kennwort wissen – und schon können Sie damit beginnen, den Router einzustellen und mit Ihren Daten zu füttern.

Kapitel 2

Konfiguration eines Satellitenmodems inkl. Rückkanal

Die Installation eines Speedport-WLAN-DSL-Modems der Telekom sieht folgendermaßen aus: Es ist per Ethernet der Rechner an das Gerät anzuschließen. Dann sollte man Safari starten und die IP-Adresse des Speedports eintragen. Diese steht entweder auf der Rückseite des Geräts oder in der beiliegenden Beschreibung. Dort ist zudem das Kennwort zu finden, das Sie benötigen, um den Internetzugang einzurichten.

Nach Eingabe der IP-Adresse sollte sich das Gerät melden und das Kennwort abfragen. Hernach startet man den Assistenten oder wählt die Konfigurationsseiten direkt aus und trägt dort seine Vertragsdaten ein.

Zugangsdaten eintragen

Ab ins Internet

Über *Speichern* werden die Daten abgelegt und Sie können nun testen, ob alles geklappt hat.

Zugang erfolgreich eingerichtet

Vergessen Sie nicht, die Sicherheitseinstellungen zu definieren. Zunächst sollte WLAN aktiviert werden. Beim Speedport kann man das entweder durch den Schalter auf der Geräterückseite oder durch die Konfigurationssoftware tun. Nun sollten Sie Ihrem WiFi-Netzwerk noch einen eigenen Namen (SSID) geben und ein Kennwort zur Verschlüsselung eintragen.

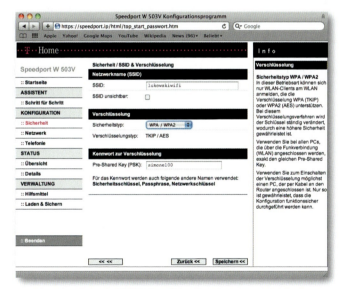

WiFi konfigurieren

Ist das geschehen, trennen Sie Ihr Ethernetkabel und prüfen, ob sich die Verbindung drahtlos aufbauen lässt und der Internetzugriff auch klappt.

Kapitel 2

Alles hat funktioniert

Zugang zum Internet über sogenannte Hotspots

Wie Sie sicher wissen, gibt es an vielen Stellen Internetzugänge. Sie finden sie an Bahnhöfen, an Flughäfen, auf öffentlichen Plätzen, an Schulen, an Universitäten etc. Was müssen Sie an Ihrem Rechner einstellen, um über einen derartigen Hotspot ins Internet zu gelangen?

Im Regelfall genügt es, eine Umgebung an Ihrem Rechner zu erstellen, bei der Sie AirPort als Netzwerkkomponente aktivieren – die anderen können Sie dabei deaktivieren –, und Sie schalten zudem die Eigenschaft *DHCP* ein. Praktisch ist außerdem noch, dass Sie sich in der Menüleiste den AirPort-Status anzeigen lassen. Denn dann können Sie ganz einfach über das Menüleistensymbol nachschauen, ob Sie Drahtlosnetzwerke empfangen können. Die öffentlichen Drahtlosnetzwerke haben meist kein Kennwort, d. h. Sie können die Verbindung mit diesen Netzwerken aufbauen.

Aber: Wenn Sie dann eine Internetseite ansteuern, wird meist vom Provider eine Seite vorgeschaltet, auf der Sie Zugangsdaten eingeben müssen. Sofern Sie dies erfolgreich erledigt haben, wird die Internetverbindung aufgebaut. Im Regelfall wird der Preis minutenweise abgerechnet. Sie können dann Ihr E-Mail-Programm starten und andere Internetseiten begutachten. Am Ende Ihrer Sitzung sollten Sie wieder das erste Browserfenster hervorholen, um die Internetverbindung mit dem Provider zu trennen.

Ab ins Internet

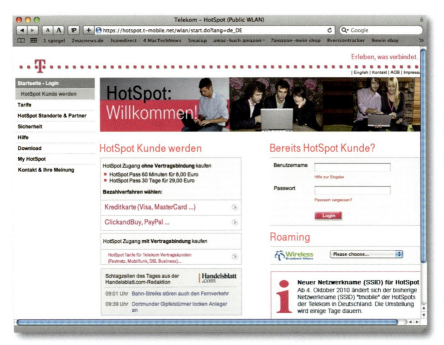

Die Einwahlseite eines Telekom-Hotspots.

E-Mail konfigurieren

Haben Sie den Internetzugang erfolgreich konfiguriert, dann sollten Sie diese standardmäßig überprüfen, indem Sie den Browser Safari starten und sich über die geladene Startseite freuen.

Aber damit nicht genug – jetzt soll eine E-Mail-Adresse eingerichtet werden. Hierfür ist das Programm Mail zuständig, das Sie ebenfalls im Dock finden, und zwar links von Safari.

Starten Sie Mail und sogleich will das Programm mit Ihnen die Einstellungen vornehmen.

Kapitel 2

Einstellungen in Mail für einen GMX-Account

Ab ins Internet

Wie Sie anhand der Screenshots sehen, reicht die Angabe Ihrer E-Mail-Adresse und des Kennwortes. Bei fast allen E-Mail-Anbietern findet dann Mail die Einstellungen für POP, IMAP, SMTP etc. selbst heraus – ohne Ihr Zutun!

So ist in wenigen Sekunden auch das Mail-Programm eingerichtet und es kann losgehen. Hier noch eine Liste mit den wichtigsten Anbietern und deren Server-Daten.

Anbieter	Server für eintreffende Mails	Server für ausgehende Mails
GMX	imap.gmx.net	mail.gmx.net
Freenet	mx.freenet.de	mx.freenet.de
Google Mail	imap.gmail.com	mtp.gmail.com
T-Online	secureimap.t-online.de	securesmtp.t-online.de

Exchange: E-Mail, Termine, Aufgaben, Notizen und mehr

Für die Business-Anwender unter Ihnen sei erwähnt, dass Mail sich ebenso auf Exchange 2007 und 2010 versteht. Tragen Sie dort einfach Ihre Daten ein, Mail wird die Konfiguration automatisch vornehmen. Und so haben Sie Zugriff auf Ihre E-Mails, Notizen und Aufgaben innerhalb von Mail. In iCal steht Ihnen Ihr Kalender zur Verfügung und im Adressbuch erscheinen die Kontaktdaten. Dabei werden – wie Sie es von Exchange gewöhnt sind – die Daten on the Fly von Ihrem tragbaren Mac-Rechner mit Exchange abgeglichen.

Kontakt mit Exchange 2007 ist hergestellt.

Kapitel 2

In iCal können Sie zudem Benachrichtigungen zu Termineinladungen erhalten, diese akzeptieren oder ablehnen und – falls Sie die Berechtigung dazu haben – in anderen Kalendarien Termine einsehen oder sogar eintragen. Auch der Zugriff auf Ressourcen wie Besprechungsräume, Fahrzeuge, etc. ist möglich.

iCal –> Einstellungen –> Account

Tragen Sie dort ein, welche Kalender Sie in welcher Form einsehen oder bearbeiten dürfen und sofort erscheinen diese in der linken Seitenleiste von iCal.

Zugriff auf andere Kalender

Ab ins Internet

MobileMe: Exchange for the rest of us

Aus dem Hause Apple gibt es einen Service, den sogenannten MobileMe-Account, mit dem Sie eine Reihe von Funktionen in Zusammenarbeit mit dem Internet bekommen. Zum Beispiel erhalten Sie eine E-Mail-Adresse. Als Zweites bekommen Sie auf einem Server der Firma Apple aktuell 20 GByte Platz, die Sie sowohl für E-Mail als auch für Ihre Internetseite verwenden können. Sollten Sie iPhoto haben, können Sie iPhoto-Bilder auf Ihren MobileMe-Account hochladen und anderen Anwendern zur Verfügung stellen. Und vieles mehr ...

http://www.me.com

Und der Funktionsumfang dieses MobileMe-Accounts wird von Apple ständig erweitert, aktualisiert und angepasst. Der MobileMe-Account ist kostenpflichtig, der Preis beträgt derzeit etwa 79 Euro pro Jahr. Darüber hinaus gibt es auch ein Family-Pack. Wir wollen uns nun einige Highlights ansehen, was Sie alles anstellen können, sofern Sie über einen MobileMe-Account verfügen.

Kapitel 2

MobileMe-Account einrichten

Sofern Sie Ihren Zugang via Internet etabliert haben, können Sie Ihrem Computer noch mitteilen, dass Sie ein MobileMe-Mitglied sind. Dazu gehen Sie in die *Systemeinstellungen* zu *MobileMe*. Dort tragen Sie Ihren Benutzernamen und Ihr Kennwort ein und klicken auf *Anmelden*. Voraussetzung: Sie brauchen eine bestehende Internetverbindung.

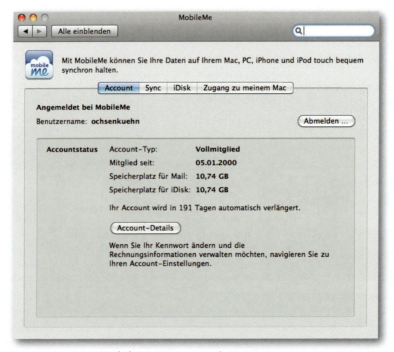

MobileMe-Daten sind eingetragen

So, das war's. Damit ist alles eingerichtet. Was heißt alles? Sie haben nichts weiter zu tun. Der Zugang zu Ihrer iDisk und Ihr E-Mail-Konto sind bereits konfiguriert.

Ab ins Internet

Mail-Account ist schon fertig definiert.

Starten Sie nun Ihr E-Mail-Programm *Mail* über das Dock, dann gelangen Sie über *Mail –> Einstellungen* in diesen Konfiguration und wählen dort *Accounts* aus. Fertig. Das Schöne am MobileMe-Account ist, dass er an einer Stelle eingetragen wird und zugleich an vielen anderen Positionen Einfluss ausübt.

MobileMe kostet aktuell 79 Euro je Jahr (Stand Juli 2009) und bringt Ihnen neben einer E-Mail-Adresse xyx@me.com eine ganze Fülle an Zusatznutzen:

- Synchronisation von bis zu fünf Computern oder iPhones bzw. iPods touch mit dem gleichen Datenbestand. So sind auf allen beteiligten Geräten stets alle Termine, Adressen, Browsereinstellungen etc. auf dem gleichen Stand.

Kapitel 2

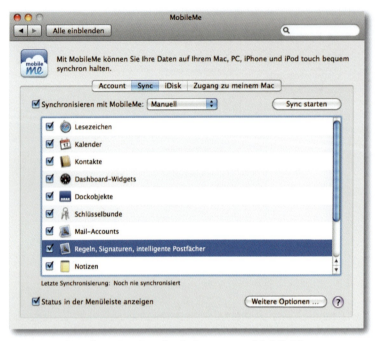

Synchronisationsfunktionen von MobileMe

- *iDisk:* Apple stellt derzeit standardmäßig 20 GByte im Internet zur Verfügung, worauf Sie Ihre Daten, Bilder etc. parken und von überall her wieder abrufen können. Sie können dort auch Ordner mit Passwörtern einrichten, damit andere Personen dort Daten hinaufladen oder downloaden können.
- *Zurück zu meinem Mac:* Besitzen Sie mehrere Rechner, dann bietet diese Funktion den entfernten Zugriff auf die anderen Computer, sofern diese eingeschaltet sind und eine Verbindung ins Internet haben.
- *iPhone*: Haben Sie zudem ein iPhone, so stehen Ihnen weitere Funktionen wie das Remote Wipe (Löschen eines verloren gegangenen iPhones) oder das Finden des iPhones via GPS zur Verfügung.

Ab ins Internet

Kapitel 3:
Die wichtigsten Bedienungsfeatures

Kapitel 3

Die wichtigsten Bedienungsfeatures

Tastatur

MacBook-Tastatur

Die Tastatur eines tragbaren Mac-Rechners unterscheidet sich in einigen Fällen von der eines Windows-Systems. Deshalb seien an dieser Stelle tabellarisch die wichtigsten Funktionen aufgelistet:

Funktion	Tastenkombination
@	alt + l
€	alt + e
‰	alt + ⇧ + e
•	alt + ü
©	alt + g
®	alt + r
\	alt + ⇧ + 7
|	alt + 7
Windows-Taste	–
Kopieren, Einfügen, Ausschneiden	cmd + c, cmd + v, cmd + x

Die wichtigsten Bedienungsfeatures

Rückgängig machen, Wiederholen	cmd + z, cmd + y
Alles markieren / auswählen	cmd + a
Programm beenden (Windows: Alt + F4)	cmd + q
Fenster schließen (Windows: Strg + F4)	cmd + w
Programmwechsel (Windows: Alt + Tab)	cmd + Tab
Von rechts nach links löschen	Backspace- bzw. Rückschritttaste
Von links nach rechts löschen – ENTF	fn + Backspace
POS1	cmd + Cursor links
ENDE	cmd + Cursor rechts
Bildschirmfoto DRUCK	cmd + ⇧ + 3
Bildschirmfoto von ausgewähltem Bereich	cmd + ⇧ + 4
Strg	ctrl
Windows AltGr	–
Numerische Tastatur	–

> *Bei Windows-Computern werden sehr viele Tastenkürzel über die Strg- bzw. ctrl-Taste ausgeführt. Der Mac hingegen verwendet dazu die Command-Taste. Ältere Apple-User nennen diese Taste stets Apfeltaste.*

Wenn Sie also in Word für Windows mit *Strg + S* den Sichern-Dialog aufgerufen haben, dann verwenden Sie nun am Mac *cmd + S*. Für alle Sonder- bzw. Spezialzeichen hat der Mac ein programmübergreifendes Fenster zur Verfügung gestellt.

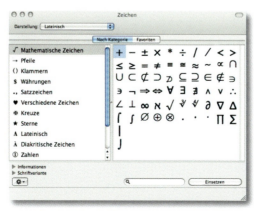

Zeichenübersicht oder cmd + ⇧ + T

Wenn Sie nun z. B. in Word für den Mac ein Spezialzeichen suchen, ist dieses Fenster genau richtig für Sie.

> *Nicht in allen Anwendungsprogrammen wird* **cmd** + ⇧ + **T** *unterstützt. Lassen Sie sich deshalb über die* **Systemeinstellungen** *–>* **Sprache & Text** *in den Eingabequellen die Tastatur- und Zeichenübersicht darstellen.*

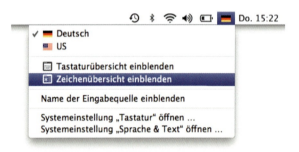

Zeichenübersicht in der Menüleiste

Dann können Sie ganz bequem nach Spezialzeichen suchen und diese per Anklicken an der aktuellen Cursorposition in Ihr Dokument einfügen.

Weiterhin macht der Mac sehr regen Gebrauch von den Funktionstasten. Dabei hängt die Funktionalität grundsätzlich davon ob, ob diese als Standard-Funktionstasten verwendet werden oder eben nicht.

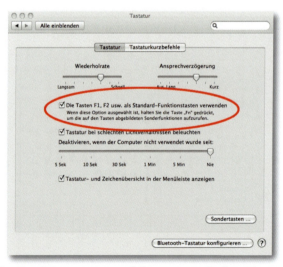

Konfiguration der Funktionstasten und der automatischen Tastaturbeleuchtung

Die wichtigsten Bedienungsfeatures

Nachfolgende Liste beschreibt die Funktionstasten. Soll die alternative Funktion ausgelöst werden, dann ist die Taste *fn* zusätzlich zu bedienen.

Funktionstaste	Als Standard-Funktions-tasten verwenden	Nicht als Standard-Funktionstaste verwenden
F1	F1	Bildschirmhelligkeit verringern
F2	F2	Bildschirm heller
F3	F3	Exposé: Programmfenster Exposé: Alle Fenster (cmd-Taste + F3) Exposé: Schreibtisch einblenden (ctrl-Taste + F3)
F4	F4	Dashboard
F5	F5	Tastaturbeleuchtung dunkler
F6	F6	Tastaturbeleuchtung heller
F7	F7	Zum nächsten Song vorspulen
F8	Spaces	Start –> Pause
F9	Exposé – Alle Fenster	Zurückspulen
F10	Exposé – Programmfenster	Ton aus/an
F11	Exposé – Schreibtisch einblenden	Lauter
F12	Dashboard	Leiser

Falls Sie die Tasten F8 bis F12 zusätzlich in Programmen verwenden wollen oder müssen, so schalten Sie deren Funktionalität in den Systemeinstellungen bei Exposé & Spaces einfach aus.

Kapitel 3

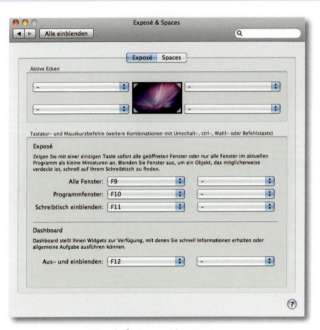

Vordefinierte Shortcuts

> Mac OS X stellt darüber hinaus ein systemweites und programmübergreifendes Werkzeug zur Verfügung, mit dem Sie als Anwender beliebige Shortcuts definieren können. Dies gilt auch für alle installierten Programme.

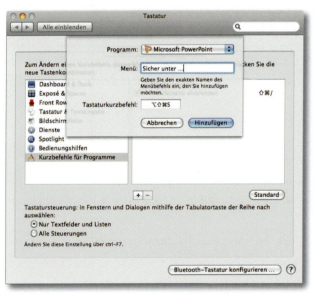

Eigene Tastenkürzel in den Systemeinstellungen –> Tastatur

Die wichtigsten Bedienungsfeatures

> Die Mac-Tastatur verfügt standardmäßig nicht über Tasten, um WLAN oder Bluetooth ein- bzw. auszuschalten. Um dies rasch tun zu können, sollten Sie sowohl das WLAN- (Airport) als auch das Bluetooth-Icon in der Menüleiste anzeigen lassen.

AirPort in der Menüleiste anzeigen lassen und deaktivieren

Bluetooth-Symbol in der Menüleiste anzeigen lassen

Sie finden diese Möglichkeit in den dazugehörigen Systemeinstellungen (Bluetooth, Netzwerk). Nun können Sie die beiden Dienste ganz einfach über die Menüleiste aus- bzw. einschalten.

Kapitel 3

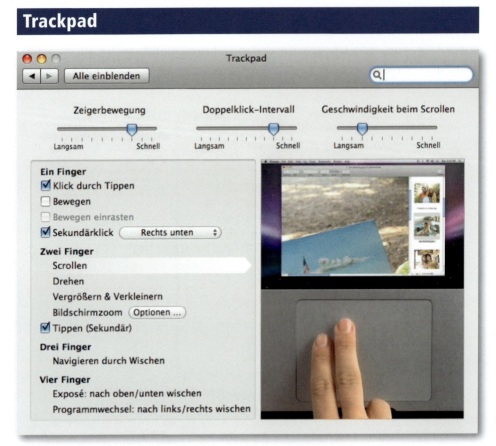

Einstellungen für das Trackpad

Noch interessanter sind die Einstellungen, die im Bereich *Trackpad* zu finden sind. Das betrifft natürlich wieder einmal ausschließlich Laptops. Neben der Zeigerbewegung, der Scrollgeschwindigkeit und der Geschwindigkeit, in der Sie einen Doppelklick ausführen, haben Sie eine Menge von Optionen, wie Sie das Trackpad effizienter einsetzen können.

- *Ein Finger:* Dort können Sie aktivieren, dass das komplette Trackpad wie eine Maustaste funktionieren soll. Bringen Sie einfach das Häkchen bei Klick durch Tippen an. Soll das Trackpad ebenso über eine rechte Maustaste verfügen, dann definieren Sie einfach, in welcher Ecke des Trackpads Sie dazu klicken wollen. Zudem können Sie mit einem Finger in einigen Programmen, wie z. B. Vorschau, das komplette Fenster auf dem Bildschirm bewegen. Wie der kurze Lernfilm rechts daneben zeigt, klicken Sie dazu 1,5 Mal auf das Fenster und bleiben beim zweiten Klick

Die wichtigsten Bedienungsfeatures

mit dem Finger auf dem Trackpad. Wenn Sie nun umherstreichen, folgt Ihnen das Fenster bereitwillig.

- *Zwei Finger:* Bei der Verwendung von zwei Fingern haben Sie eine Reihe toller Möglichkeiten. So können Sie damit in Webseiten bequem aufwärts und abwärts scrollen, in ausgewählten Programmen, wie z. B. Vorschau, Bilder drehen. Oder, wie vom iPhone bekannt, können zwei Finger zum Vergrößern bzw. Verkleinern verwendet werden. Das funktioniert wiederum wunderbar im Programm Vorschau. Aber auch der Finder unterstützt diese Funktion. Holen Sie zu diesem Zweck ein Fenster in der Symboldarstellung nach vorne. Wenn Sie nun zwei Finger voneinander wegbewegen, werden die Symbole immer größer dargestellt. Es verhält sich genauso, als würden Sie den Regler in der rechten unteren Ecke des Finder-Fensters verwenden. Wenn Sie Bildschirmzoom verwenden wollen, sollten Sie dazu vorab in den Optionen eine bestimmte Tastenkombination zuordnen.

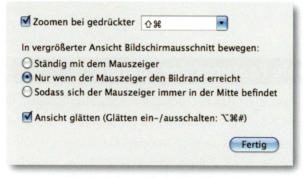

Zoomoptionen beim Trackpad

Wird nun die Tastenkombination mit der einen Hand betätigt und zugleich mit zwei Fingern der anderen Hand vergrößert, so wird der gesamte Bildschirm vergrößert dargestellt. Das kann im Rahmen von Bildschirmpräsentationen für das Zeigen von Details sehr nützlich sein. Nochmals zurück zur Eigenschaft der rechten Maustaste bzw. des Kontextmenüs. Entweder Sie reservieren im Bereich *Ein Finger* eine Trackpadecke für diese Funktion oder aber Sie verwenden zwei Finger hierfür. Wird das Häkchen dort angebracht, wird ab sofort bei einem Doppelklick mit zwei Fingern das Kontextmenü aufgerufen.

Kapitel 3

- *Drei Finger:* Haben Sie beispielsweise in Vorschau mehrere Bilder geladen, dann können Sie mittels Wischen nach links oder rechts mit drei Fingern zugleich vor- bzw. rückwärts blättern. Sehr gut klappt das auch in iPhoto, wo Sie nun ganz einfach durch Ihre Bildersammlung browsen können.
- *Vier Finger:* Wie der Text schon sagt, können mit vier Fingern nach oben alle Fenster ausgeblendet werden, wohingegen die Bewegung nach unten eine Übersicht aller Fenster darstellt. Waagrecht nach links oder rechts wischend erscheint das Fenster zum Programmwechsel (genauso wie bei cmd + Tab).

Es gibt noch eine weitere, vielleicht elegantere Möglichkeit, die Funktion der rechten Maustaste auszuführen. Dazu halten Sie die ctrl-Taste gedrückt und klicken einmal auf das Trackpad. Das Kontextmenü sollte erscheinen. Und natürlich können Sie jede USB-Maus oder Bluetooth-Maus mit rechter Maustaste am Mac ohne zusätzliche Treiberinstallation einsetzen.

Einige coole Features des Finders

Der *Finder* repräsentiert das Betriebssystem, das heißt, wenn Sie den Rechner starten, wird auf jeden Fall immer der *Finder* gestartet. Sie erkennen es an dem Leuchtpunkt links im *Dock* – unter den zwei Gesichtern, die einander ansehen. Das ist der *Finder*. Wenn Sie mit dem Betriebssystem arbeiten, dann arbeiten Sie mit dem *Finder*.

Ich möchte Ihnen nachfolgend einige Highlights in der Bedienung des *Finders* geben. Der *Finder* übernimmt damit quasi die Rolle, die der *Windows Explorer* und auch das *Arbeitsplatz*-Fenster haben. Dinge, die Sie bereits aus Windows kennen.

Wichtige Sprungorte

- Es gibt Ordner, die Sie häufig und dringend benötigen. Deshalb hat der Finder im *Gehe zu*-Menü eine ganze Reihe von diesen wichtigen Sprungorten eingetragen:

Die wichtigsten Bedienungsfeatures

Menü „Gehe zu"

- Dort finden Sie folgende Tastenkombinationen
    - Computer: cmd + ⇧ + C
    - Benutzerordner: cmd + ⇧ + H
    - Dokumente: cmd + ⇧ + O
    - Schreibtisch: cmd + ⇧ + D
    - Netzwerk: cmd + ⇧ + K
    - Programme: cmd + ⇧ + A
    - Dienstprogramme: cmd + ⇧ + U

um hier nur die wichtigsten zu nennen. Selbstverständlich können Sie natürlich auch die entsprechenden Fenster anklicken, um an diese wichtigen Ordner heranzukommen.

Viele Fenster – Mehrfenstermodus

- Wenn Sie bei Windows über den Arbeitsplatz in Ihre Datenablage hineingehen, erhalten Sie nach einem Doppelklick stets einen neuen Inhalt des Fensters. Deshalb können Sie mit *Zurück* und *Vor* zwischen den verschiedenen Fensterinhalten und damit den verschiedenen Ansichten der Ordner und Ordnerinhalte hin- und herwechseln. Bei Snow Leopard verhält es sich grundsätzlich genauso: Wenn Sie ein Fenster öffnen und darin einen Ordner mit einem Doppelklick öffnen, wird der Fensterinhalt ausgetauscht. Mit *Zurück* springen Sie wieder eine Ebene zurück bzw. eine Ebene nach oben. Wollen Sie aber mehrere Fenster auf Ihrem Desktop haben, um zum Beispiel

Kapitel 3

bequem Dateien von A nach B zu verschieben, gibt es drei Möglichkeiten, um mehrere Fenster zu erzeugen.

- Halten Sie die cmd-*Taste* gedrückt und führen Sie einen Doppelklick auf ein Ordner-Icon aus. Sogleich wird dieser Ordner in einem zweiten Fenster erscheinen.
- Rechts oben im *Finder*-Fenster sehen Sie ein Pillen-Symbol.

„Pille" im rechten oberen Eck des Finder-Fensters

Wenn Sie diese Pille anklicken, ändert sich die Darstellung Ihres *Finder*-Fensters. Ab jetzt führt ein Doppelklick immer zu einem neuen Fenster. Das heißt, Sie haben permanent auf den *Mehrfenstermodus* umgeschaltet.

- **Finder –> Einstellungen:**

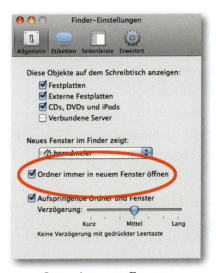

Stets ein neues Fenster

Sie können aber auch in den *Finder*-Einstellungen definieren, dass, egal in welcher Fensterdarstellung Sie sind, bei jedem Doppelklick auf einen Ordner dieser in einem neuen Fenster erscheint. Bringen Sie hierzu in den *Finder*-Einstellungen ein Häkchen bei *Ordner immer in neuem Fenster öffnen* an.

Die wichtigsten Bedienungsfeatures

Zusatzfunktionen über die Symbolleiste

Symbolleiste: Sicher haben Sie es schon bemerkt: Unterhalb des Titels eines Fensters ist ein grauer Bereich. Dieser graue Bereich hat auch einen Namen und heißt *Symbolleiste*. Die *Symbolleiste* kann mit weiteren Funktionen bestückt werden. Dazu klicken Sie bei gedrückt gehaltener cmd- und alt-Taste auf das *Pillensymbol* rechts oben im Fenster.

Sogleich klappt eine Schublade von oben herab, in der eine Menge weiterer Funktionen zum Vorschein kommen. Zum Beispiel als interessanteste Funktion *Neuer Ordner* oder *Neuer Pfad* oder *Brennen*. Wenn Sie diese Funktionen jetzt in jedem *Finder*-Fenster in der Symbolleiste haben möchten, so ziehen Sie diese einfach nach oben in die *Symbolleiste* und schon haben Sie Ihre *Finder*-Fenster individualisiert und für schnelleres und perfekteres Arbeiten vorbereitet.

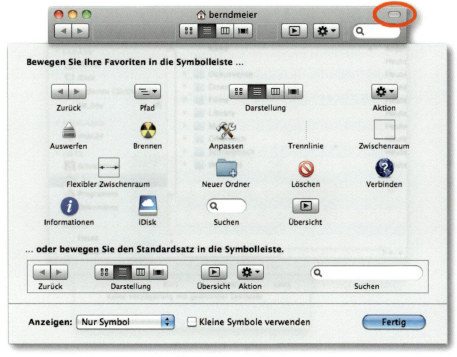

Symbolleiste ändern

Kapitel 3

Die heißesten Features für das Dock

Das *Dock* haben wir bereits kennengelernt. Es ist standardmäßig am unteren Bildschirmrand angebracht und ist dazu gedacht, von dort aus Programme zu starten. Sie wissen, dass man das *Dock* mit neuen Programmsymbolen anreichern kann, indem man zum Beispiel mit cmd + ⇧ + A in den *Programme*-Ordner navigiert und per Drag & Drop das Programm seiner Wahl in das Dock einfügt. Genauso kann man Icons aus dem Dock wieder entfernen respektive die Reihenfolge der Symbole innerhalb des Docks ändern. In der Folge bekommen Sie weitere Informationen, um die Funktionalität des Docks genauer kennenzulernen:

- cmd + Klick: Wenn Sie auf ein Symbol im *Dock* mit gedrückter cmd-Taste und der linken Maustaste klicken, dann erscheint ein *Finder*-Fenster, in dem das Originalobjekt erscheint. Sie haben unten im *Dock* zum Beispiel das Symbol für *Safari*, klicken Sie mit der cmd-Taste einmal auf das *Safari*-Symbol und sofort erscheint das Programme-Fenster und der Eintrag *Safari* wird markiert. Sie kommen also zurück zum Original.
- Das *Dock* befindet sich standardmäßig am unteren Bildschirmrand, kann aber ebenso an den rechten oder linken Monitorrand navigiert werden.

Dock-Position ändern

Allerdings wird das *Dock* am rechten oder linken Monitorrand nicht mehr dreidimensional dargestellt, sondern zweidimensional.

Das *Dock* kann auch automatisch ein- und ausgeblendet werden.

Die wichtigsten Bedienungsfeatures

Verwenden Sie hierzu die Tastenkombination **cmd** + **alt** + **D**, um das **Dock** auszublenden. Mit einem erneuten **cmd** + **alt** + **D** wird es wieder eingeblendet. Oder aber das **Dock** springt Ihnen aus dem Monitorrand entgegen, wenn Sie mit der Maus an die Position des Docks fahren. Sobald Sie die Maus wieder wegbewegen, verschwindet es automatisch.

- **Dock-Exposé**: Da das ca. 1,5-sekündige Anklicken eines Programm-Icons im Dock bringt die Exposé-Funktion hervor und Sie können nun zwischen den verschiedenen Fenstern der Programme wählen.

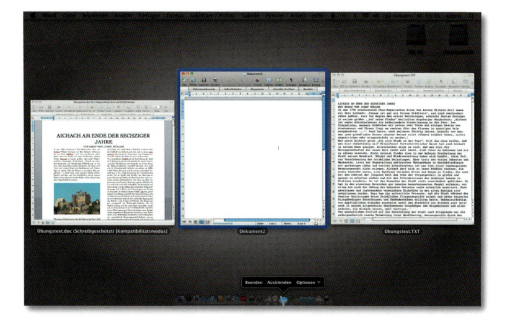

Sobald Sie mit dem Mauszeiger über ein Fenster streichen, wird es blau umrahmt. Wollen Sie den Inhalt genauer betrachten, so drücken Sie die Leertaste, um Übersicht bzw. QuickLook zu verwenden. Das erneute Drücken bringt Sie wieder zurück.

Haben Sie damit z. B. die Word-Fenster im Überblick und es ist außerdem noch Safari mit mehreren Fenstern geöffnet, so klicken Sie nun einfach das Safari-Icon an. Sie bleiben im Exposé-Modus und haben nun alle Safari-Fenster in einer übersichtlichen Darstellung.

Kapitel 3

> Statt ein anderes Programmsymbol anzuklicken, können Sie ebenfalls via cmd + Tab zu einem anderen Programm kommen. Der Exposé-Programmfenster-Modus bleibt dabei erhalten.

Wollen Sie den Modus verlassen, so genügt das einmalige Drücken der ESC-Taste.

- *Stapel*: Es gibt Dinge, die sehen nicht nur gut aus, sondern sind auch überaus funktional. Zu dieser Sorte gehören *Stapel*. Sie haben rechts von der Trennlinie im Dock standardmäßig zwei Ordnersymbole: Den *Downloads*- und den *Dokumente*-Ordner, die bereits als *Stapel* oder *Stacks* funktionieren. *Stacks* ist die englische Bezeichnung für diese Funktionalität. Diese *Stacks* kennen drei Arten von Darstellung: die sogenannte *Gitter*-, die *Fächer*-Darstellung und die *Listen*-Darstellung.

Stapel als Gitter

Die wichtigsten Bedienungsfeatures

Stapel als Fächer oder Liste

Damit haben Sie sehr, sehr schnell Zugriff auf wichtige Ordner und es sieht grafisch einfach fantastisch aus. Der *Dokumente*-Ordner ist dazu gedacht, Ihre abgespeicherten Dateien aufzunehmen, der *Downloads*-Ordner hingegen wird von *Safari* als Standard-Downloadordner verwendet, wenn Sie Daten und Informationen aus dem Internet herunterladen. Selbstverständlich können Sie selbst entscheiden, ob Sie die *Fächer*-, *Listen*- oder die *Gitter*-Darstellung bevorzugen.

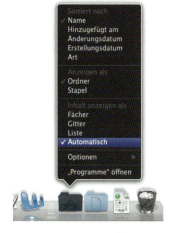

Automatisch

Kapitel 3

Dazu verwenden Sie erneut die rechte Maustaste, um zu entscheiden, welche der Darstellungsformen Ihren Geschmack besser trifft. Genereller Tipp: Die *Fächer*-Darstellung kann weniger Icons aufnehmen als die *Gitter*-Darstellung. Wenn Sie die Einstellung *Automatisch* belassen, entscheidet Ihr Betriebssystem, wann es von *Fächer* auf *Gitter* umschaltet.

Alles Ansichtssache

Der *Finder* respektive die Ordner und Dateien, die man mit dem Finder begutachtet, können in verschiedenen Darstellungsmodi angezeigt werden. Wir wollen jetzt ein paar Feinheiten hierzu herausarbeiten.

1. Ein *Finder*-Fenster kennt vier verschiedene Darstellungen:
   - die *Symbol*-Darstellung, aufzurufen mit cmd + 1
   - die *Listen*-Darstellung (cmd + 2)
   - die *Spalten*-Darstellung (cmd + 3)
   - und die *Cover Flow*-Darstellung (cmd + 4)

2. Die *Cover Flow*-Darstellung ist sensationell. Denn sie zeigt Ihnen von allen Dateien, die sich in einem Ordner befinden, eine Vorschau. Egal, ob es sich um Office-Dokumente, PDF-Dateien, Bilddateien, Sound- oder Filmdateien handelt – *Cover Flow* ist in der Lage, Ihnen Einblick in die Datei zu gewähren, ohne ein Programm zu öffnen.

Cover Flow

Die wichtigsten Bedienungsfeatures

Dazu müssen diese Programme nicht einmal installiert sein. Das heißt, diese Vorschau-Funktionalität ist integraler Bestandteil von Snow Leopard. Um also in eine *Word*-Datei hineinsehen zu können, muss weder *Microsoft Word* noch irgendein anderes Programm installiert werden. Natürlich haben Sie Recht, wenn Sie sagen: Na ja, besonders groß wird diese Vorschau aber nicht dargestellt.

*Das weiß auch Apple, und darum gibt es die Möglichkeit, diese **Previews** auch vergrößert darzustellen. Diese Funktion nennt Apple **Übersicht** oder in der englischsprachigen Version **QuickLook**. Klicken Sie dazu einfach das **Auge** an, das Sie oberhalb in der **Symbolleiste** finden oder verwenden Sie als Tastenbefehl die **Leertaste**, um die Darstellung in der Übersichtsform genießen zu können. Bei PDF-Dateien können Sie zudem durch alle Seiten hindurchblättern. Sound- und Moviedateien können Sie genießen, ohne ein dazugehöriges Programm öffnen zu müssen.*

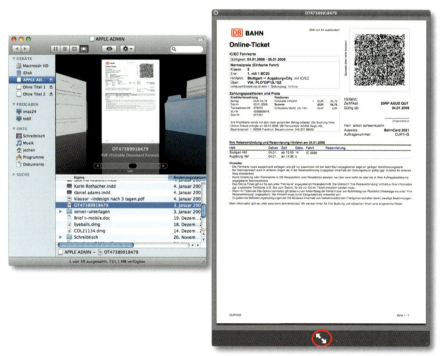

QuickLook bzw. Übersicht

Und sollte Ihnen die Größe des Übersichtsfensters nicht genügen: Es ist ebenfalls bildschirmfüllend darstellbar *(cmd + alt + Y)*.

Kapitel 3

> *Die Übersicht öffnet sich übrigens in einem extra Fenster. Das heißt, Sie können es den ganzen Tag geöffnet haben. Wenn Sie irgendwo eine Datei oder ein Element anklicken, wird das Übersichtsfenster sofort aktualisiert und Sie sehen in die Datei hinein, ohne das Quellprogramm öffnen zu müssen.*

Dies spart unheimlich viel Arbeit, denn oftmals können Sie aufgrund des kryptischen Dateinamens nicht erkennen, worum es sich bei der Datei handelt. Also klicken Sie üblicherweise doppelt, um die Datei zu öffnen und festzustellen: Verdammt, das war die falsche Datei. *Cover Flow* zeigt Ihnen eine Vorschau und damit können Sie schon beurteilen, ob es sich um die richtige Datei handelt. Und wenn Sie noch genauer reinschauen wollen, dann verwenden Sie die *Übersicht* oder *QuickLook*. Selbstverständlich können Sie auch durch mehrseitige *Word*-, *PDF*- oder *Excel*-Dokumente hindurchblättern.

3. Darstellung als Symbole: Jetzt wollen wir uns die Darstellung eines Fensters in Form von Symbolen noch einmal genauer anschauen. Mithilfe des Menüpunkts *Darstellung –> Darstellungsoptionen einblenden* oder mit cmd + J bekommen Sie ein Zusatzfenster, in dem Sie die Darstellung dieses Fensters individuellen Bedürfnissen anpassen können. Ich möchte Sie hier auf drei sehr interessante Dinge hinweisen:

Darstellung eines Finder-Fensters als Symbole

Die wichtigsten Bedienungsfeatures

Zunächst einmal kann man die sogenannte *Symbolvorschau* einblenden. Das bedeutet, dass von allen Dateien – ähnlich wie in der *Cover Flow*-Darstellung – statt der Datei-Icons der Inhalt der Datei dargestellt wird.

Ein- bzw. Ausblenden der Symbolvorschau

Das heißt: Normalerweise sehen Sie ja die Standard-Icons für Ihre Dateitypen. Also, Sie erkennen das *Word*-Dokument an dem blauen „W", das *Excel*-Dokument an dem grünen „X" etc.

Kapitel 3

> Ist die **Symbolvorschau** eingeblendet, sehen Sie miniaturisiert in die Datei hinein. Selbstverständlich können Sie die **Symbolgröße** ändern. Die maximale Größe ist hierbei 512 x 512 Pixel.

Bei PDF-Dateien können Sie zudem durch alle Seiten hindurchblättern, Sound- und Moviedateien können Sie geniessen, ohne ein dazugehöriges Programm öffnen zu müssen.

PDF- und Multimedia-Dateien in der Symbolansicht

Die Ausrichtung der Symbole innerhalb eines Fensters kann entweder in einem Gitter erfolgen oder aber Sie können die Symbole beliebig in diesem Fenster platzieren, was Ihnen die Möglichkeit gibt, Dateien zu gruppieren oder eine individuelle Darstellung zu wählen.

Nicht vergessen werden darf, dass das Fenster einen individuellen Hintergrund oder ein Bild als Hintergrund haben kann. Wählen Sie hierzu im Bereich *Hintergrund* die gewünschte Einstellung aus.

4. **Etiketten:** Wie auch bei Windows kann man am Mac Dateien alphabetisch, nach Datum und anderen Kriterien sortieren. Der Mac bietet aber eine zusätzliche Eigenschaft, um Dateien und Ordner strukturieren zu können. Das sind die sogenannten Etiketten. Im Menüpunkt *Finder –> Einstellungen* können Sie den Etikettenfarben Begriffe zuordnen. Und mit der rechten Maustaste können Sie jedem Objekt Ihres Dateisystems eine Farbe geben. Damit kann man beispielsweise Workflows abbilden: Die Datei ist fertig,

Die wichtigsten Bedienungsfeatures

die Datei ist noch in der Korrekturphase, die Datei muss noch überarbeitet werden. Eine andere Möglichkeit wäre, die Farben verschiedenen Personen zuzuordnen – denken Sie zum Beispiel an die Dateiablage auf einem Server.

Etiketten

Mithilfe der *Etiketten* kann festgehalten werden, dass diese Datei zuletzt von Rolf und jene Datei zuletzt von der Julia bearbeitet worden ist. Mit den *Etiketten* haben Sie also ein zusätzliches Kriterium, Dateien oder Ordner mit Informationen zu versehen. Sie kennen dies vermutlich vom Regal in Ihrem Büro, wo die Ordner auch verschiedenfarbige Rücken haben, um schnell und exakt den Ordner aus dem Regal zu ziehen, den Sie gerade benötigen.

> Wollen Sie eine Datei bzw. einen Ordner wieder von seiner Farbe befreien, so wählen Sie das Etikett mit dem X-Zeichen aus.

5. Seitenleiste: Eine ähnliche Funktion kennt auch Windows in den *Speichern*- und *Öffnen*-Dialogen einiger Programme, in denen man sogenannte *Favorisierte Ordner* ablegen kann. Die *Seitenleiste* ist im Betriebssystem Snow Leopard konsequent implementiert.

105

Kapitel 3

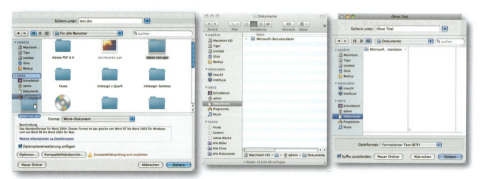

Seitenleisten im Speichern-/Sichern-Dialog

Die *Seitenleiste* wird durchgängig in allen *Öffnen*- und *Sichern*-Dialogen aller Programme unter Leopard dargestellt. Ebenso ist Sie in allen *Finder*-Fenstern vertreten. Ziehen Sie also die Ordner, die Sie häufig benötigen in die *Seitenleiste*. Das tun Sie entweder im *Finder* oder zum Beispiel beim Sichern von Dateien. Damit haben Sie über die *Seitenleiste* einen sehr raschen Zugriff auf Ihre Lieblingsordner.

> *Wird der Ordner aus der **Seitenleiste** entfernt – dies kann wiederum im **Finder** oder auch bei den Dialogen in den Programmen passieren –, wird das Symbol an allen Stellen zugleich entnommen.*

6. Aufspringende Ordner: Vielleicht ist es Ihnen in den ersten Minuten bei der Arbeit am Mac schon passiert: Sie haben eine Datei oder einen Ordner auf einen anderen Ordner gezogen und ein bis zwei Sekunden gewartet und – schwupp – hat der neue Ordner sich unversehens geöffnet und seinen Inhalt preisgegeben. Sie sind neugierig geblieben, haben die linke Maustaste gedrückt gehalten, sind auf einen Unterordner gefahren und nach ein bis zwei Sekunden wurde auch dieser Ordner geöffnet.

Das ist kein Bug, auch kein Virus, sondern das ist eine sehr beliebte Funktion bei der Arbeit mit einem Apple-Betriebssystem! Nämlich die sogenannten *aufspringenden Ordner und Fenster*.

Die wichtigsten Bedienungsfeatures

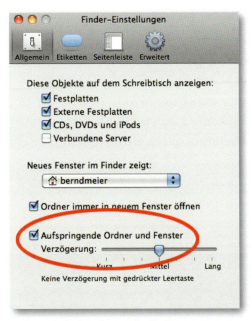

Aufspringende Ordner

Diese Funktion ist unheimlich praktisch. Stellen Sie sich vor, Sie haben eine Datei auf dem Desktop und wollen diese in Ihrem Benutzerordner in den *Dokumente*-Ordner einbringen. Dann müssten Sie normalerweise erst den *Dokumente*-Ordner öffnen, um die Datei per Drag & Drop dort einzubringen.

Mit der Funktion *Aufspringende Ordner* halten Sie jetzt die Datei mit der linken Maustaste gedrückt und zielen auf das Festplattensymbol. Ein bis zwei Sekunden warten und sofort springt der Festplattenordner auf. Sie fahren auf den Benutzerordner, halten immer noch mit der linken Maustaste die Datei gedrückt und markiert, sofort springt der Benutzerordner auf. Dann fahren Sie zu Ihrem Häuschensymbol, ein bis zwei Sekunden warten, das Häuschen springt auf, dann weiter zum Dokumente-Ordner, flugs springt er auf und Sie lassen jetzt die linke Maustaste los. Sogleich wird mit einem Arbeitsschritt die Datei in dem gewünschten Ordner abgelegt. Perfekt! Schneller kann man nicht navigieren.

Sollte Ihnen die Funktion unheimlich vorkommen, können Sie diese selbstverständlich deaktivieren. Hierzu gehen Sie mit cmd + , in die *Finder-Einstellungen* und entfernen das Häkchen bei *Aufspringende Ordner und Fenster*.

107

Kapitel 3

Spaces

Mit *Spaces* legen Sie sogenannte *virtuelle Schreibtische* an. Das heißt, Sie tun so, als hätten Sie nicht nur ein Display zur Verfügung, sondern viele. Im Bildschirmfoto sehen Sie, dass ich durch Aktivieren von *Spaces* standardmäßig vier Monitore erhalte. Sie können durch Klick auf das *Plus* bei Zeilen und Spalten bis zu 16 virtuelle Monitore, sprich virtuelle Schreibtische erzeugen.

Spaces

Was ist das Geniale an dem Konzept von *Spaces*? Auf jedem Monitor können Sie verschiedene Fenster und Applikationen erscheinen lassen. So definieren Sie beispielsweise, auf Fenster 1 oder Bildschirm 1 sollen alle Internetprogramme erscheinen, auf Bildschirm 2 *Microsoft Office*, auf Bildschirm 3 *iTunes*, Ihre Fotosammlung auf Bildschirm 4 usw.

Sie sehen darunter eine Liste, die Sie selbst erzeugen, indem Sie definieren, welche Programme auf welchem Monitor, also auf welchem *Space*, erscheinen sollen. Wird nun eines dieser Programme gestartet, so wird der jewei-

Die wichtigsten Bedienungsfeatures

lige *Space* aufgerufen. Der Vorteil in der tagtäglichen Arbeit ist enorm: Sie behalten immer den Überblick über Ihre vielen gestarteten Applikationen und Programme. Denn bedenken Sie: Mac OS X ist ein UNIX-basiertes Betriebssystem – man kann problemfrei mit vielen, vielen gleichzeitig geöffneten Programmen arbeiten. Mithilfe der Funktion *Spaces* können Sie dies auch zu Ihren Gunsten nutzen.

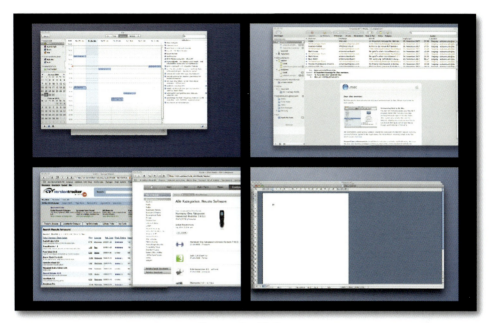

Spaces in Aktion

Hier sehen Sie ein Bildschirmfoto, in dem auf vier *Spaces* gearbeitet wird. Wie kommt man übrigens zu der Übersicht der aktuellen *Spaces*? Ganz einfach: Apple hat hierfür Tastenkombinationen vorgesehen. Mit der Taste *F8* erhalten Sie einen Überblick über die verschiedenen Spaces.

> Wenn Sie Ihre **Spaces** einzeln ansteuern wollen, gibt es dafür ebenfalls Tastenkombinationen: Verwenden Sie die **ctrl-Taste** + *1* für Space *1*, **ctrl** + *2* für Space *2* etc. Oder aber Sie verwenden die **ctrl-Taste** und die **Cursor-Tasten**, um zwischen Ihren **virtuellen Bildschirmen** zu wechseln. **Spaces** ist eine echt zeitsparende Funktion bei der Arbeit mit einem modernen Betriebssystem.

Kapitel 3

Dashboard

Dashboard legt sich wie eine Folie über den Bildschirm, es erscheinen kleine Programme, die sogenannten *Widgets*. Diese *Widgets* haben genau einen Job, eine Aufgabe, z. B. das Wetter oder die Uhrzeit zu zeigen, ein Spiel zu zeigen, die Flugverbindungen, die Börsenkurse, die Bahnverbindungen etc. Viele tausend *Widgets* sind bereits verfügbar und die meisten von ihnen sind kostenlos aus dem Internet herunterzuladen.

Dashboard

Eine gute Anlaufstelle, um nach *Widgets* zu suchen, ist die Seite www.apple.com/downloads/dashboard. Hier finden Sie eine gute Sammlung von sehr nützlichen und praktischen *Widgets*.

Aber damit nicht genug: Sie können sogar eigene *Widgets* erzeugen! Vielleicht kennen Sie die Situation: Sie sitzen an einem Rechner und wollen jetzt zum Beispiel den Börsenkurs eines bestimmten Unternehmens wissen. Und das wollen Sie alle paar Tage oder mehrmals am Tag überprüfen. Was tun Sie dazu? Sie gehen auf eine Internetseite, geben eine WKN (Wertpapierkennnummer) oder andere Werte ein, um zu dieser Information zu gelangen. Mit *Safari* steuern Sie die Website an und können auch ein eigenes *Widget* erzeugen.

Die wichtigsten Bedienungsfeatures

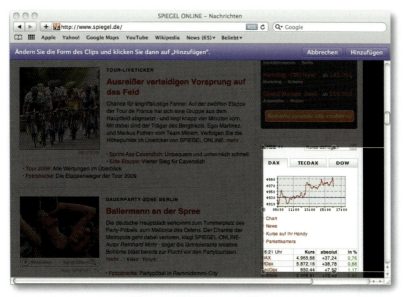

Eigenes Widget erstellen

Im Bildschirmfoto sehen Sie, dass ich die www.spiegel.de-Seite mit *Safari* angesteuert habe. Mit *Ablage –> In Dashboard öffnen* kann man nun einen Bereich auf dieser Internetseite als eigenes Widget definieren. Dazu zieht man auf der Internetseite einen Rahmen auf und sogleich wird die Darstellung übergeblendet zu Dashboard – es erscheint ein neues *Widget*.

Neues Widget

111

Kapitel 3

Und dies zeigt Ihnen exakt den gewünschten Ausschnitt aus der Internetseite. Dieser Ausschnitt, das ist das Spannende an dem selbst erzeugten *Widget*, wird – sofern Sie über eine Internetverbindung verfügen – stets aktualisiert. Sie können so Ihr *Dashboard* sowohl mit fremd programmierten als auch mit selbst erstellten *Widgets* zu einer Informationsquelle par excellence werden lassen.

Weitere Einstellungen und Konfigurationen für *Dashboard* finden Sie natürlich in den *Systemeinstellungen* –> *Exposé* & *Spaces* und dort im Reiter *Exposé*. Dort sehen Sie auch, dass mit der Taste *F12 Dashboard* standardmäßig gestartet und auch wieder beendet werden kann.

Spotlight

Es gibt Funktionen, an die man sich nach sehr kurzer Zeit gewöhnt hat. Und wenn man in aller Ruhe darüber nachdenkt, kann man sich nicht vorstellen, je ohne sie ausgekommen zu sein. *Spotlight* ist eine dieser Funktionen.

> *Spotlight* erstellt einen computerweiten Index, einen Index, der alle Datei- und Ordnernamen enthält, aber auch die Inhalte jeder Datei, das heißt jedes einzelne Wort einer **Word**-Datei, einer **Excel**-Datei, einer **PowerPoint**-Präsentation, einer **PDF**-Datei, einer **Keynote**-Datei, einer **Pages**-Datei wird indiziert. Jede Information eines **MP3**-Musikstücks (der Albumname, der Interpret, der Jahrgang etc.), jede Information eines Bildes von einer digitalen Fotokamera (Belichtungszeit, Verschlusszeit, Name der Kamera etc.) – all dies ist im **Spotlight**-Index enthalten!

Die Technologie *Spotlight* setzt Apple seit Frühjahr 2005, seit dem Betriebssystem Tiger, ein. In SnowLeopard wurde *Spotlight* noch einmal dramatisch beschleunigt. Beschleunigt dahingehend, dass der Index quasi in dem Augenblick, in dem Sie eine neue Datei abspeichern, in Sekundenbruchteilen aktualisiert wird und jedes Wort der gerade gespeicherten Datei sofort zur *Spotlight*-Suche zur Verfügung steht. Optimiert dahingehend, dass die Suche unglaublich schnell vonstattengeht.

Die wichtigsten Bedienungsfeatures

Spotlight-Suche

Zum Ausprobieren könnten Sie mal rechts oben in die *Suchlupe* von *Spotlight* klicken und beispielsweise den Begriff „Apple" als Suchbegriff eingeben. Und kaum haben Sie aufgehört, den Begriff zu schreiben, sind schon alle Suchergebnisse vorhanden – sensationell! Sie möchten nun aber auch wissen, wie viele Suchergebnisse es tatsächlich waren. Deswegen sollten Sie von dieser heißen Trefferliste, dem sogenannten *Spotlight*-Menü, über *Alle einblenden* in das sogenannte *Spotlight-Fenster* umschalten.

Anzahl Fundstellen

Kapitel 3

Und sogleich erkennen Sie, dass Sie in Bruchteilen von Sekunden circa 2.000 Dokumente gefunden haben. Wenn Sie Ihre Suche einschränken wollen – nichts leichter als das! Dann geben Sie einfach hinter dem Begriff „Apple" einen zweiten Begriff an, in meinem Fall den Begriff „Store". Und so haben Sie statt der gefundenen 2.000 Einträge lediglich etwa 50 Einträge selektiert.

Suche nach „apple store"

Wir wollen uns die Geschichte noch einmal an einem anderen Beispiel anschauen: Sie wissen, Sie haben irgendetwas zu tun mit einem Kunden namens *Mayer*. Sie möchten von diesem Kunden *Mayer* aber lediglich die *E-Mail-Informationen* bekommen. Dann geben Sie schlicht und ergreifend als Suchworte ein: „Mayer Nachrichten" oder „Mayer Mail".

Kombination von Suchbegriffen

Die wichtigsten Bedienungsfeatures

Durch die Kombination dieser Suchbegriffe haben Sie nicht nur die Anzahl der Suchergebnisse eingeschränkt, sondern zugleich auch definiert, aus welchem Bereich Sie etwas suchen möchten. Wollen Sie die Suche noch weiter einschränken, so fügen Sie zum Beispiel noch einen Begriff hinzu.

Suche eingrenzen

Durch den weiteren Begriff kommen Sie von einer Trefferzahl von vorher etwa 70 auf mittlerweile unter 20 Einträge, die Sie nun noch in Ihrer Liste haben.

*Interessieren Sie sich aber eher für die Termine, die Sie mit Herrn **Mayer** vereinbart haben, dann könnten Sie beispielsweise **Mayer iCal** eingeben, um damit zu verdeutlichen, dass Sie nur Termine innerhalb des Programms **iCal** finden möchten, die irgendetwas mit **Mayer** zu tun haben.*

Konkrete Suche

Im Spotlight-Menü lassen sich die Suchergebnisse gezielt auf bestimmte Dateiarten einschränken. Normalerweise listet Spotlight viele Arten von Objekttypen bei der Suche auf, wie z. B. Programme, Kontakte, E-Mails oder auch Schriften. Um die Suche zu beschleunigen, können Sie sie auf einen bestimmten Dateityp beschränken. Sollen z. B. nur E-Mails durchsucht werden, dann

Kapitel 3

tippen Sie ins Spotlight-Feld Folgendes ein: *mayer art:email*. Damit werden nur Fundstellen in E-Mails aufgelistet. Die folgende Übersicht soll Ihnen bei der Suche nach dem richtigen Objekttyp helfen:

Objekttyp	Schlagwort
Programme	art:programm art:programme art:progr
Kontakte	art:kontakt art:kontakte
Ordner	art:ordner art:ordner
E-Mails	art:email art:emails art:nachricht art:nachrichten
iCal-Einträge	art:ereignis art:ereignisse
iCal-Aufgaben	art:aufgabe art:aufgaben
Bilder	art:bild art:bilder
Filme	art:film art:filme
Musik	art:musik
Audio	art:audio
PDF-Dokumente	art:pdf art:pdfs
Einstellungen	art:systemeinstellungen art:Einstellungen
Lesezeichen	art:lesezeichen
Schriften	art:schrift art:schriften
Präsentationen	art:präsentationen art:präsentation

Die wichtigsten Bedienungsfeatures

Unglaublich. In kürzester Zeit finden Sie jegliche Information auf Ihrem Rechner, unabhängig davon, mit welchem Programm diese erstellt worden ist. *Spotlight* ist perfekt. Warum? Es ist unglaublich schnell, es ist einfach zu bedienen und kann auch mit vielen weiteren Suchkriterien beauftragt werden. Schauen Sie sich bitte dieses Beispiel an:

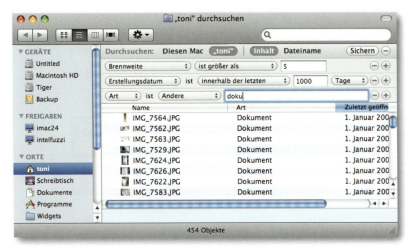

Verfeinerte Suche

Statt der Verwendung der Lupe im rechten oberen Eck Ihrer *Menüleiste*, können Sie auch im Finder mit *cmd + F* eine Suchanfrage starten. In der ersten Zeile grenzen Sie ein, wo gesucht werden soll. Mit *Diesen Mac* durchsuchen Sie Ihren kompletten Rechner. Daneben erscheint der Name Ihres Benutzerordners.

Mit *Inhalt* durchkämmen Sie auch den Dateiinhalt nach den Suchkriterien, wohingegen Sie sich mit *Dateiname* lediglich auf den Namen der Datei stürzen. Ich suche hier beispielsweise nach folgenden Informationen: Ich hätte gerne alle mit einer digitalen Fotokamera geschossenen Bilder, die eine Brennweite von mehr als 5 mm haben, innerhalb der letzten drei Jahre aufgenommen worden sind, und vom Dateiformat soll sich die Suche bitte auf Dokumente begrenzen. Leider haben Sie jetzt keinen Rechner vor sich, um das mitzuverfolgen: In dem Augenblick, in dem ich in der letzten Zeile beginne, „Dokumente" einzutragen, wird sofort das Suchergebnis stabilisiert. Es werden über 400 Einträge gefunden. Modifiziere ich eines der Kriterien, dauert es weniger als eine halbe Sekunde und die Suchergebnisse sind sofort wieder up to date.

Kapitel 3

> Vielleicht haben Sie im Ablage-Menü des Finders den Eintrag **Neuer intelligenter Ordner** schon gesehen. Das ist nichts anderes, als die Definition einer **Spotlight**-Suche. Jedesmal, wenn der Ordner geöffnet wird, werden darin alle Daten gezeigt, die dem Suchkriterium entsprechen. Der Ordnerinhalt wird also stets dynamisch erzeugt. So haben Sie beispielsweise über einen derart definierten Ordner alle Word-Dateien, die in den vergangenen fünf Tagen erstellt worden sind und das Wort „München" enthalten, im superschnellen Zugriff! Sensationelle Sache – denken Sie nicht auch?

Spotlight kann auch rechnen

Spotlight kann noch viel mehr! Zum Beispiel können Sie *Spotlight* auch einfache Rechenfunktionen an die Hand geben – das Ergebnis wird sofort ausgespuckt.

> **Spotlight** eignet sich auch perfekt als Programmstarter, also als Zusatzfunktion, um Programme schnell und einfach zu starten. Klicken Sie dazu oben auf die Lupe und geben den Teil eines Programmnamens ein.

Sie werden erleben, dass dieses sofort als Top-Treffer markiert wird. Mit Return können Sie das Programm direkt starten. Ich verwende die Funktion tausend Mal am Tag, da ich sehr viel mit tragbaren Rechnern unterwegs bin, meistens keine Maus dabei habe und mir das Trackpad von der Bedienung her zu umständlich ist. Zwei, drei, vier Buchstaben des gewünschten Programms eingegeben und – schwupp – mit einem Klick auf Return wird das benötigte Programm sogleich gestartet.

Die wichtigsten Bedienungsfeatures

Programme via Spotlight starten

Wir wollen noch etwas genauer begutachten, wie *Spotlight* zu konfigurieren ist und wie *Spotlight* arbeitet. Ich habe ja schon erwähnt, dass ein Index erstellt wird. Dieser *Index* wird auf der höchsten Ebene Ihres Datenträgers angelegt, und zwar als unsichtbarer Ordner.

> Kommen wir noch einmal zurück zum Datenträger. Wenn Sie also über einen externen Datenträger verfügen, der **Mac OS Extended** formatiert ist, dann wird der *Spotlight*-Index für diesen Datenträger eben auf ihm selbst platziert und nicht auf dem angeschlossenen Rechner erzeugt. Das hat den Vorteil, dass ein externer Datenträger seinen Index „mit sich herumschleppt". Wird er also an einen anderen Apple-Rechner angeschlossen, ist der Index sofort verfügbar.

Aber zurück zu den Einstellungen: Über *Systemeinstellungen –> Spotlight* bekommen Sie einige Einstellvarianten.

Kapitel 3

Spotlight-Fundstellen – Reihenfolge ändern

Sie sehen eine Liste von aktuell 14 Begriffen – das sind all diejenigen, nach denen *Spotlight* suchen kann. Es handelt sich um *E-Mails*, *Dokumente*, *PDF-Dateien*, *Programme*, *Schriften* etc. Entfernen Sie das Häkchen, dann heißt das, dass im *Spotlight-Menü* die dazugehörigen Einträge verschwinden. Wollen Sie die Reihenfolge ändern, so ziehen Sie zum Beispiel einfach den Eintrag *Dokumente* an die erste Stelle, damit dieser möglichst weit oben im *Spotlight-Menü* gelistet wird.

Wenn Sie Häkchen entfernen, heißt das übrigens nicht, dass aus dem Index Einträge entfernt werden, sondern es bedeutet nur, dass diese Einträge aktuell nicht in der Trefferliste dargestellt werden. Wenn Sie den Index limitieren wollen, um einige Ordner davon auszunehmen, dann ist Privatsphäre genau der richtige Bereich für Sie.

Die wichtigsten Bedienungsfeatures

Privatsphäre

Per Drag & Drop bringen Sie Ordner oder auch ganze Datenträger in die *Privatsphäre* ein, um diese vom Index auszunehmen. Entfernen Sie den Eintrag wieder aus der *Privatsphäre*, beginnt der Rechner sofort damit, den Index auch über diese Ordner zu schlagen.

Spotlight-Index wird erstellt

Je nach Größe des Datenträgers kann die Erstindizierung oder eine nachträgliche Indizierung bei vielen Datenmodifikationen durchaus etwas Zeit beanspruchen. Ein Beispiel: Ich habe auf meinem Rechner etwa 80 Gigabyte an Daten, 40.000 E-Mails, Hunderttausende Seiten *Word*-Dokumente. Die Erstgenerierung der Indexdatei hat ca. 1,5 Stunden beansprucht. Hernach, wenn Dateien hinzukommen oder gelöscht werden, ist der Index quasi on the Fly aktuell, ohne dass Sie in irgendeiner Form Wartezeiten haben werden.

Kapitel 3

Und vielleicht haben Sie es im Laufe des Buchs schon gesehen oder – wenn Sie einen Mac erworben haben – schon selbst ausprobiert: Die *Spotlight*-Suche hat sich in jedem Programm an irgendeiner Stelle eingenistet. Zum Beispiel an folgenden Positionen:

Spotlight-Suche in iTunes ...

... in iPhoto ...

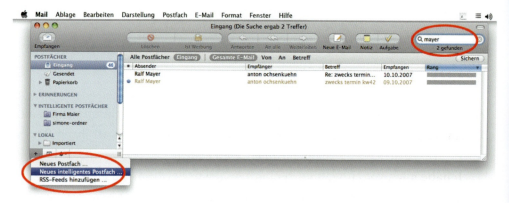

... und innerhalb von Mail ...

Die wichtigsten Bedienungsfeatures

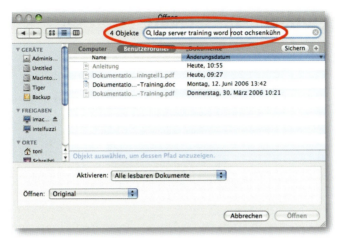

... sowie im Öffnen-Dialog einer Applikation.

Interessant ist vor allem das letzte Bild: Sie sind zum Beispiel in *Microsoft Word* und wollen eine Datei öffnen. Also verwenden Sie *Datei –> Öffnen*, es erscheint der *Öffnen*-Dialog. Dort klicken Sie sich jetzt normalerweise dahin durch, wo Sie Ihre Datei vermuten. Hoffentlich ist sie auch dort ;-).

Schneller, viel schneller ist die Suche über *Spotlight*. Sie geben einfach während des *Öffnen*-Dialogs an der Position der *Suchlupe* ein, zwei, drei Begriffe ein und ratz, fatz zeigt Ihnen der Mac die Dateien, die diesen Suchkriterien entsprechen. Wenn Ihre Suche korrekt war, werden Sie auch nur die Einträge finden, die für Ihr Suchkriterium passen. So haben Sie deutlich schneller die Datei aus Ihrem Dickicht an Daten herausgefischt, als hätten Sie sie manuell gesucht.

Ich hoffe, Sie sehen und können verstehen und nachvollziehen, warum *Spotlight* eine absolut coole Technologie ist. Sie haben mehr und mehr Daten auf Ihrem Rechner, mit *Spotlight* haben Sie diese Datenfülle mit all ihren Parametern im Griff!

Ich habe mich vor einigen Jahren immer gewundert, warum eine Suche im Internet über Google schneller, treffsicherer und besser ist als eine Suche am eigenen Computer – mit *Spotlight* ist dieses Problem gelöst. Ich kann nun genauso schnell und einfach alle Arten von Informationen an das Tageslicht befördern. *Spotlight* ist für mich die Sensation der letzten Jahre.

Kapitel 3

Kontaktaufnahme mit dem Netzwerk

Serververbindung herstellen

Freigaben in der Seitenleiste

Ist die Netzwerkkonfiguration in Ordnung, so sollten Sie in der Seitenleiste eines beliebigen Finder-Fensters im Eintrag *Freigaben* bereits die Rechner im Netzwerk sehen. Im Bildschirmfoto sehen Sie die Kontakte zu einem Windows-Rechner mit dem Namen *Toni-PC* und zu zwei Apple-Rechnern mit den Namen *Intelfuzzi* und *iMac24*.

Davon spricht jeder Rechnertypus seine eigene Sprache. Der PC spricht die sogenannte Sprache SMB. Diese Sprache spricht auch unser Apple-Computer, d. h. Sie können jetzt den Windows-Rechner, sofern er über Freigaben verfügt, anklicken und sich mit diesem verbinden. Wählen Sie hierzu den Button *Verbinden als* und geben Sie sich als Anwender zu erkennen. Davor muss natürlich am Windows-Computer eine Freigabe erzeugt worden sein.

Freigabe eines Ordners in Windows

Die wichtigsten Bedienungsfeatures

Mit der Freigabe am Windows-Rechner kann auch definiert werden, welcher Anwender mit welchem Kennwort darauf in welcher Art und Weise zugreifen darf. Ob er nur Daten lesen kann oder ob er auch schreiben darf etc. Das alles stellt man an dem Windows-System ein, unabhängig davon, ob es sich um Windows XP, Windows VISTA oder Windows 7 handelt.

Kontaktaufnahme mit einem Windows-Computer

Eine gute Idee ist es zudem, das Kennwort im Schlüsselbund zu sichern, so dass es in Zukunft bei einer erneuten Kontaktaufnahme genügt, die Verbindung herzustellen und keine Eingabe von Benutzername sowie Kennwort mehr erforderlich ist.

Verbindung etabliert

125

Sie sehen, der Kontakt mit dem Rechner konnte hergestellt werden. Es gibt einen Ordner namens *Freigabe von Vista,* in dem in diversen Unterordnern irgendwelche Daten liegen. Der Apple-Rechner hat automatisch die Sprache SMB verwendet, um mit diesem Windows-Rechner kommunizieren zu können.

Daten vom Mac unter Windows

> Wenn Sie am Windows-Rechner nicht sichtbare Dateien einblenden lassen, dann erkennen Sie, dass jede vom Mac kopierte Datei aus zwei Teilen besteht: dem sogenannten Data Fork und dem Resource Fork (Dateiname beginnt stets mit ._). Apple-Rechner wissen intern um die Zweiteilung einer Datei und blenden dies sogleich aus. Werden hingegen Dateien über SMB übertragen (oder auf einen FAT-formatierten Datenträger kopiert), dann wird diese zweite, für den Mac unsichtbare Datei erscheinen. Der Data Fork enthält im Regelfall alle Informationen der Datei und der Resource Fork beinhaltet Zusatzinformationen. Fehlt eine der beiden, ist oftmals die Information unbrauchbar!

Sie können nun durch Drücken des Buttons *Trennen* die Verbindung wieder stoppen.

Alternativ zu der Kontaktaufnahme über die Symbole der Seitenleiste können Sie die Funktionalität *Gehe zu –> Mit Server verbinden* (*cmd + K*) verwenden oder über das Kontextmenü des Finders gehen.

Die wichtigsten Bedienungsfeatures

Gehe zu –> Mit Server verbinden oder über das Kontextmenü des Finder-Icons im Dock

Wenn Sie über diesen Weg mit einem Apple-Rechner Kontakt aufnehmen wollen, so geben Sie beispielsweise die IP-Adresse des Rechners ein. Sofern dieser sich im Netzwerk zur Verfügung stellt, folgt die Abfrage Ihres Namens und Ihres Kennworts.

Kennworteingabe

Alternativ dazu können Sie den Namen des Rechners eintragen, gefolgt von .local. Den Namen des Rechners hinterlegt man in den *Systemeinstellungen* bei *Freigabe*. Damit haben Sie also zwei verschiedene Wege, wie Sie mit einem Apple-Computer in Kontakt kommen können. Der Kontakt zu einem anderen Apple wird übrigens über das sogenannte AFP-Protokoll (Apple Filing Protocol) hergestellt.

Kapitel 3

Zur Erinnerung: Der Kontakt mit einem Windows-Rechner ist über SMB herzustellen. Damit ist bei *Mit Server verbinden* zunächst *smb* einzutragen, gefolgt von *://* und der IP-Adresse des Rechners, also beispielsweise smb://192.168.1.77.

Freigaben eines Windows-Computers

Genauso wie bei der Kontaktaufnahme mit einem Apple-Rechner werden nach der erfolgten Eingabe von Name und Kennwort alle Freigaben aufgelistet, über die der andere Rechner verfügt. Wählen Sie dort entweder eine Freigabe oder mithilfe der *cmd-* oder *⇧-Taste* mehrere Freigaben aus. Darüber hinaus können Sie mit *cmd + A* alle erscheinenden Freigaben markieren und über *OK* aufrufen und damit in Verbindung treten.

Noch einmal zurück zu dem Fenster *Mit Server verbinden*. Wie Sie anhand des Bildschirmfotos auf der vorherigen Seite gesehen haben, habe ich eine Reihe von bevorzugten Servern in das Fenster aufgenommen. Das erreichen Sie ganz einfach dadurch, dass Sie die Serveradresse eintragen und auf der rechten Seite des Fensters durch Klick auf das *Plus* diesen Server in die Liste aufnehmen. Aus der Liste können sie via *Entfernen* jederzeit entnommen werden.

> *Bitte bedenken Sie auch, dass die letzten Server, mit denen Sie verbunden waren, ebenso über das* -Menü mit **Benutzte Objekte** –> **Server** *verfügbar sind, oder aber Sie verwenden im Fenster* **Mit Server verbinden** *die Funktion, die das Uhrensymbol trägt.*

Die wichtigsten Bedienungsfeatures

Zuletzt benutzte Server

Hinweis: Die dort abgelegten Server werden als Aliasdateien im *Benutzerordner/Library/Favoriten* abgelegt.

> *Servervolumes, die Sie häufig benötigen, könnten Sie zudem als Anmeldeobjekte festlegen. Sofern Sie die Kennwörter in den Schlüsselbund aufgenommen haben, werden die Server sofort nach dem Einloggen automatisch verbunden.*

Serververbindung in den Anmeldeobjekten.

129

Dazu ziehen Sie die Icons der Server bzw. Freigaben einfach vom Schreibtisch in die *Anmeldeobjekte* für Ihren Benutzer-Account oder verwenden dort das Plussymbol und wählen die Freigabe aus. Selbst das Dock freut sich über neue Icons in Form von Freigabeordnern, die dort platziert werden.

Verbindung zu Freigaben im Dock

Sogleich können Sie über die Stapelfunktion auf die Dateien der Freigabe zugreifen. Ordnen Sie sie als Fächer oder Gitter an.

Neben den beiden Kontaktmöglichkeiten *AFP* und *SMB* gibt es noch zwei weitere Protokolle, mit denen Sie Kontakt zu Servern aufnehmen können. Da wäre als Erstes das sogenannte FTP-Protokoll zu erwähnen. Um mit einem FTP-Rechner in Kontakt zu treten, tippen Sie in der Zeile Serveradresse den Begriff *ftp* gefolgt von *://* ein und dann erneut die IP-Adresse. Es folgt wieder die Abfrage Ihres Namens und Ihres Kennworts und schon ist die Verbindungsaufnahme erfolgreich gewesen.

Beachten Sie bitte, dass der Kontakt mit einem FTP-Server nur die Möglichkeit eines Downloads von Dateien anbietet und nicht die Möglichkeit eines Uploads. Wenn Sie die Funktionalität FTP-Upload verwenden wollen, benötigen Sie ein FTP-Programm, wie z. B. das Programm Cyberduck (http://cyberduck.softonic.de/mac).

Ein weiteres Protokoll steht Ihnen bei der Kontaktaufnahme mit einem Server zur Verfügung: das sogenannte WebDAV-Protokoll. Geben Sie hierzu die Adresse des WebDAV-Servers ein; sie beginnt mit *http://* oder *https://*, dann folgt entweder die IP-Adresse oder der Domain-Name.

Mit einem WebDAV-Server können Sie sowohl Uploads als auch Downloads durchführen. Die iDisk z. B. wird über WebDAV gemountet. Dazu benötigen Sie den sogenannten MobileMe-Account und Sie erhalten dafür eine 20 GByte große Festplatte im Internet, auf der Sie Daten hinterlegen können.

Die wichtigsten Bedienungsfeatures

Mit einem WebDAV-Server in Kontakt treten

> Vergessen Sie nicht, dass – egal über welches Protokoll die Verbindung zustande gekommen ist – Sie mit der Funktion **Übersicht** oder **Cover Flow** superbequem die Daten der Freigabe durchschauen können. Das macht enorm viel Spaß und spart eine Menge Zeit!

Serververbindungen trennen

Nachdem Sie nun auf mannigfaltige Weise Kontakt mit den Servern aufgenommen haben, könnte es auch irgendwann notwendig werden, die Verbindung zu einem Server wieder zu trennen. Hierzu gibt es mehrere Optionen.

Finder –> Einstellungen

1. Wenn Sie in dem Menüpunkt *Finder –> Einstellungen* unter *Allgemein* das Häkchen bei *Verbundene Server* angebracht haben, dann erscheinen alle Server, mit denen Sie aktuell verbunden sind, auf Ihrem Schreibtisch. Wenn Sie nun die Verbindung zu einem dieser Server oder zu mehreren trennen wollen, dann ziehen Sie einfach das Symbol des Servers auf das Icon des Papierkorbs. Der Papierkorb wandelt sich zu dem Auswurfsymbol, das Sie bereits vom Entfernen von CDs kennen, und die Verbindung wird getrennt.
2. Wenn Sie ein Finder-Fenster geöffnet haben, sehen Sie in der *Seitenleiste* die *Freigaben*. Klicken Sie dort den Server an, um in der Spaltenansicht daneben die Funktion *Trennen* auszuführen.

    Dort sehen Sie zudem, welche Freigaben der Rechner zur Verfügung stellt und mit welcher eventuell noch eine Verbindung besteht (Auswurf-Icon).

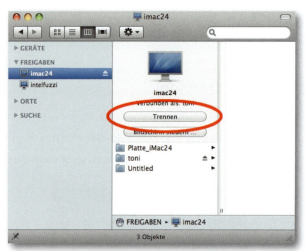

Trennen über ein Finder-Fenster in der Spaltenansicht

3. In der Seitenleiste sehen Sie neben den Serververbindungen die Auswurfsymbole. Klicken Sie auf die Auswurfsymbole, um so die Verbindung zu beenden.

Trennen über die Seitenleiste

Die wichtigsten Bedienungsfeatures

Kapitel 4:
Anschlüsse und was man damit alles machen kann

Kapitel 4

Anschlüsse und was man damit alles machen kann

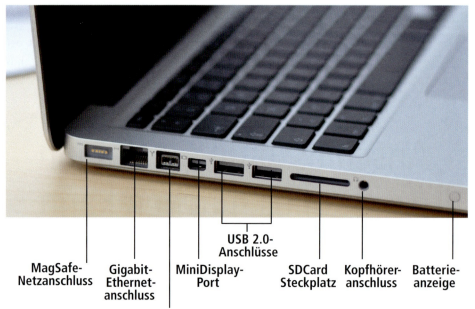

MagSafe-Netzanschluss Gigabit-Ethernetanschluss MiniDisplay-Port USB 2.0-Anschlüsse SDCard Steckplatz Kopfhöreranschluss Batterieanzeige

FireWire 800-Anschluss

Anschlüsse und Symbole

Bezeichnung		Zweck
MagSafe-Netzanschluss	⎓	Anschließen des Netzteils
Gigabit-Ethernetanschluss	⟨··⟩	Für Netzwerke, Drucker und Internet mit Kabel
FireWire-Anschluss		Für schnelle externe Festplatten und Geräte z. B. Digitale Camcorder
MiniDisplayPort	▯	Für einen zweiten Monitor
USB 2.0-Anschlüsse	⚡	Für alle gängigen externen Festplatten, iPods, iPhones Lautsprecher und viele andere Geräte
Kopfhöreranschluss	🎧	Anstecken eines Kopfhörers oder Lautsprechers
Mikrofonanschluss		Externer Mikrofonanschluss

Anschlüsse und was man damit alles machen kann

Das MacBook Air und die nicht vorhandenen Anschlüsse

Vielleicht sprechen wir zunächst über das Gerät, das die wenigsten Anschlussmöglichkeiten besitzt: das MacBook Air.

Neben zwei USB- sind noch ein Mini DisplayPort, ein SD-Card-Slot (nur beim 13-Zoll-Modell) und ein Kopfhöreranschluss vorhanden. Auf der anderen Seite befindet sich der magnetische MagSafe-Netzanschluss. Bei den MacBook-Pro-Modellen finden Sie alles auf der linken Geräteseite.

Was dem MacBook Air ganz augenscheinlich fehlt, ist das optische Laufwerk, um z. B. Programme, die auf CDs ausgeliefert werden, installieren zu können.

> *Für das MacBook Air gibt es ein optionales SuperDrive-Laufwerk in einem externen sehr flachen Gehäuse. Dieses Gerät funktioniert nur am MacBook Air und muss direkt angeschlossen sein. Würden Sie einen USB-Hub dazwischenschalten, klappt das leider nicht mehr.*

Aber keine Sorge, sowohl ein anderer Mac als auch ein Windows-PC können deren optisches Laufwerk dem MacBook Air zur Verfügung stellen.

Ein anderer Mac kann in den Systemeinstellungen –> Freigaben sein Laufwerk zur Verfügung stellen

137

Kapitel 4

> Soll ein Windows-Rechner sein Laufwerk zur Verfügung stellen, dann ist hierfür zunächst Software zu installieren (http://support.apple.com/downloads/DVD_or_CD_Sharing_Update_1_0_for_Windows).

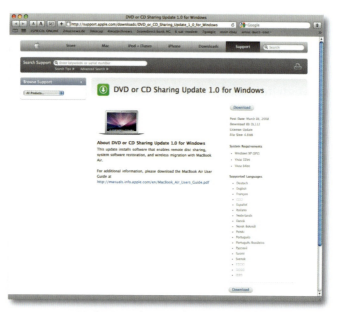

CD/DVD-Sharing für Windows

MacBook Air nimmt Kontakt auf

Das MacBook Air sieht die freigegebenen Laufwerke, kann nun nach Erlaubnis anfragen – sofern eingestellt – und dann mit dem optischen Datenträger arbeiten, als wäre dieser lokal eingelegt. Eine ziemlich pfiffige Lösung!

Anschlüsse und was man damit alles machen kann

> Um eine CD oder DVD auszuwerfen, betätigen Sie die ⏏-**Taste** oder ziehen den Datenträger auf den Papierkorb. Sie können aber auch das Auswurfsymbol in einem beliebigen Finder-Fenster verwenden.

Datenträger auswerfen

Noch cleverer verhält es sich bei den neuen MacBook Air-Modellen, die im Herbst 2010 auf den Markt gekommen sind. Dort nämlich liefert Apple einen USB Stick mit aus, auf dem sich – ähnlich wie auf einer DVD-Installationsscheibe – das zu installierende System befindet.

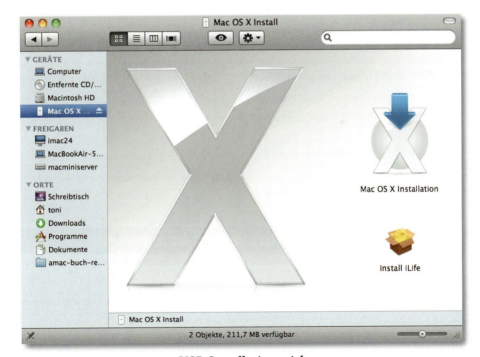

USB-Installationsstick

Klickt man nun auf Mac OS X Installation, so wird ein Neustart durchgeführt und der Rechner vom Stick gestartet.

Kapitel 4

Booten vom USB-Stick

Alternativ können Sie bei ausgeschaltetem Rechner den Stick anschließen und durch Gedrückhalten der *Taste C* (bzw. *alt-Taste*) davon booten. Nachdem der Stick genauso wie eine Installations-DVD bestückt ist, finden Sie darauf alle sinnvollen Hilfsprogramme wie Festplatten-Dienstprogramm, Netzwerkdienstprogramm etc. Und natürlich ist der Stick mit einem Schreibschutz versehen, damit daran nichts zerstört werden kann.

> *Für Admins in Firmen oder Schulen ist der Stick das perfekte Werkzeug um Rechner fremdbooten zu können. Denn auf dem Stick ist ein ganz „normales" Mac OS X vorhanden, mit dem man jeden Rechner starten und Prüffunktionen unterziehen kann.*

Übrigens ist der USB-Stick auch dazu geeignet, den Apple Hardware Test am MacBook Air durchzuführen. Dazu muß der Stick angesteckt sein und beim Einschalten des Rechners die *Taste D* gehalten werden.

Mini DisplayPort – Monitore und Beamer

Um externe Monitore betreiben zu können, benötigen Sie noch einen zusätzlichen Adapter: Derzeit sind Adapter für VGA, HDMI, DVI und Dual-Link-DVI-Adapter zum Anschluss an das 30-Zoll-Display erhältlich.

> *Noch mal zu der Sache mit dem Beamer: Sie sehen in den **Systemeinstellungen** –> **Monitore** den Schalter **Monitore erkennen**. Wenn Sie einen Beamer an den Rechner angeschlossen haben, ist es sinnvoll, mithilfe dieses Buttons Ihren Rechner nach eben diesem angeschlossenen Beamer suchen zu lassen.*

Anschlüsse und was man damit alles machen kann

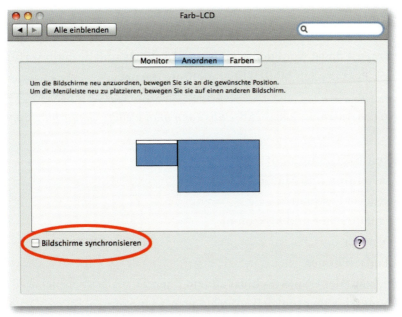

Anordnen und synchronisieren

Im Regelfall wird er den Beamer nach dem Anschliessen und Einschalten automatisch erkennen und auch dessen Namen zeigen. Wenn Sie den Beamer als zweites Display angeschlossen haben, können Sie sich entscheiden, ob er mit seiner eigenen Auflösung arbeitet und den gleichen Inhalt anzeigt, wie das im tragbaren Rechner eingebaute Display, oder ob die beiden desynchronisiert werden sollen. Im synchronisierten Modus bekommen Sie auf dem Beamer den gleichen Inhalt dargestellt wie auf Ihrem tragbaren Monitor.

Es kann für Präsentationen bisweilen sinnvoll sein, dass Sie die gleichen Informationen auf Ihrem Bildschirm sehen, die das Publikum über den Beamer ausgestrahlt bekommt. Es kann aber auch für erfahrene Präsentatoren gut sein, mit Programmen wie Keynote oder PowerPoint auf dem Beamer die aktuelle Folie darzustellen und auf ihrem tragbaren Rechner eine Folienübersicht zu haben, um dem Publikum immer einen Schritt voraus zu sein. Hierfür müssen aber in den Präsentationsprogrammen wie Keynote und PowerPoint noch Einstellungen vorgenommen werden. Sie müssen die Synchronisation der Monitore dann natürlich an dieser Stelle deaktivieren.

Kapitel 4

USB 2.0

Keine Frage – da ist wohl der wichtigste Anschluss und deshalb verfügen die MacBook Pros je nach Modell über mehrere davon.

> *Durch den Anschluss eines USB-Hubs kann man weitere Geräte hinzufügen.*

Wichtige USB-Geräte sind:
- Tastaturen und Mäuse
- externe Festplatten
- Lautsprecher und Mikrofone
- Drucker
- iPods, iPhones

Dabei liefert der USB-Anschluss zudem Energie, so dass beispielsweise iPods und iPhones darüber sogleich aufgeladen werden können. Bis auf Drucker gilt für alle Gerätetypen, dass keinerlei Installation vonseiten des Betriebssystems notwendig ist. Anschließen, einschalten, loslegen!

Und bei Druckern sind entweder die Treiber schon vorinstalliert, oder aber beim Verbinden des Geräts erfolgt die Konfiguration automatisch. Ist kein Treiber vorhanden, dann nimmt der Mac sofort mit dem Internet Kontakt auf, um die passende Software herunterzuladen.

Software für den Drucker wird automatisch gesucht und installiert

Anschlüsse und was man damit alles machen kann

FireWire

Wollen Sie digitale CamCorder oder schnelle externe Festplatten verwenden, dann ist FireWire genau das Richtige. Aktuell verbaut Apple in den tragbaren Rechnern die Version FireWire 800. Durch einen Adapter können Sie bequem auch FireWire-400-Geräte anschließen und betreiben.

Ähnlich wie USB ist dieser hot plugable, so dass externe Geräte im laufenden Betrieb hinzugeschaltet werden können. Und Strom liefert FireWire zudem, was meist genügt, kleinere externe Festplatte autark zu betreiben.

> *Apple verbaut aktuell keine eSATA-Schnittstelle. Aber für die tragbaren Macs mit ExpressCard-Slot sind Karten verfügbar, um eSATA-Platten auch auf dem Mac verwenden zu können. Weiterhin finden sich ExpressCards, die zusätzliche USB-, FireWire- oder Medienreader-Funktionen verfügbar machen.*

Auf den neueren tragbaren Rechnern liefert Apple nunmehr statt Express-Card einen SD-Card-Slot als Standard aus.

SD-Card-Slot

Wie auch bei PCs können Sie hier die SD-Karten digitaler Kameras einlegen. Ausgeworfen werden diese wie ein optischer Datenträger oder ein USB-Stick: Durch das Auswurfsymbol im Finder-Fenster oder Ziehen auf den Papierkorb wird die Karte entmountet und kann wieder herausgezogen werden.

Sofern sich Bilder darauf befinden, werden diese sogleich in iPhoto dargestellt und stehen zum Import bereit. Sie können eine Karte aber auch als Datenträger nutzen. Gehen Sie dazu in das Festplatten-Dienstprogramm. Dort können Sie die Karte löschen und formatieren und dann ganz „normale Dateien" aufspielen. Es ist sogar möglich, das Apple-Betriebssystem Mac OS X darauf zu installieren und dann davon zu booten.

Kapitel 4

SD-Card wurde eingelegt

Ethernet

Alle tragbaren Macs werden mit Gigabit-Ethernet ausgeliefert. Damit ist die Verbindung zu einem Netzwerk (LAN), einem DSL- oder Kabelmodem oder einfach einem anderen Rechner kein Problem. Zudem ist für letzteres kein Crossover-Kabel mehr nötig. Der Ethernet-Adapter sucht sich automatisch die passende Geschwindigkeit aus – 1000, 100 oder 10 MBit/s sind möglich – und das ohne Ihr Zutun. Für das MacBook Air ist ein Adapter erhältlich der Ethernet am USB-Anschluß verfügbar macht.

Lautsprecher und Mikrofon

Alle Rechner verfügen über integrierte Lautsprecher und ein eingebautes Mikrofon. Erstere sind bei den MacBook-Pro-Modellen in Stereo und beim MacBook Air in Mono gehalten. Das Mikrofon des Air befindet sich neben der iSight-Kamera, bei den anderen Modellen hinterhalb der Tastatur. Seitlich können Lautsprecher und Mikrofone zustätzlich eingesteckt werden.

*Prüfen Sie in den **Systemeinstellungen** –> **Ton,** ob der Mac auf die internen oder extern zugeschalteten Komponenten zugreift.*

iSight-Kamera

Die integrierte Kamera mit ihrem Betriebsanzeigelicht ist mittig oberhalb des Bildschirms eingebaut und kann sofort für Videochats via Skype oder iChat verwendet werden. Außerdem liefert Apple zwei weitere Programme mit, die die iSight-Kamera verwenden können: Photo Booth und den QuickTime Player.

Photo Booth – und die Party ist gerettet

Sollten Sie einmal jede Menge Leute eingeladen haben und es will keine rechte Stimmung aufkommen, dann ist es allerhöchste Zeit für Photo Booth. In den aktuellen iMac-Modellen oder in den tragbaren Rechnern wie MacBooks oder MacBooks Pro ist eine Kamera eingebaut. So können Sie jede Party retten. Photo Booth nimmt Bilder mit der Kamera auf, die Sie währenddessen mit Effekten versehen können.

Photo Booth in Aktion

Kapitel 4

Dabei stehen Ihnen in der aktuellen Version vier verschiedene Seiten mit Effekten zur Verfügung. Sie können diese Effekte auswählen, indem Sie im unteren Teil des Fensters eines der vier Quadrate anklicken oder über die Pfeile links und rechts die *Effekte* durchblättern.

Klicken Sie den Effekt, der Ihnen gefällt, an, danach sehen Sie das Bild groß und drücken darunter auf den roten Kameraschalter. 3 – 2 – 1– fertig! Augenblicklich wird ein Bild aufgenommen und mit dem Effekt hinterlegt, den Sie ausgewählt haben.

> *Soll die Aufnahme ohne Blitz geschossen werden, so halten Sie die* **Umschalt**- *bzw.* ⇧-**Taste,** *während Sie auf den Auslöser klicken. Und wollen Sie sich zudem den Countdown ersparen, dann halten Sie die* **alt-Taste** *und das Bild wird sofort aufgenommen.*

Ist die Aufnahme geschossen, wird das Bild stilgerecht animiert und in die Ablage gelegt. Dabei kann Photo Booth nicht nur ein Bild schießen, sondern Sie haben drei verschiedene Optionen – die sehen Sie im linken Teil des Fensters, im grauen Querbalken.

Ganz links befindet sich die Option, ein Foto aufzunehmen, und daneben haben Sie die Möglichkeit, vier Bilder in einer Serie aufzunehmen. Mit dem Filmstreifen daneben können Sie ein kleines Video aufzeichnen. All diese Aufnahmen landen unten im Ablagefach.

Ablage von Photo Booth

Haben Sie eine Reihe von Bildern oder Videos aufgezeichnet, dann können Sie diese unten aus der Ablage heraus begutachten oder an andere Programme übergeben: per E-Mail an Ihr E-Mail-Programm oder Sie laden sie in das

Programm iPhoto ein. Sie können ein Bild verwenden, um es zu Ihrem persönlichen Bild für Ihren Benutzer-Account werden zu lassen oder als Kontaktbild für das Programm iChat. Mit dem kleinen x am Bild oder am Video können Sie die Bilder auch wieder entfernen. Oder aber Sie lassen sich über *Darstellungen –> Diashow starten* erst mal alle Bilder bildschirmfüllend darstellen. Nun viel Spaß mit Photo Booth!

Skype Videochat

Mit der integrierten iSight-Kamera kann selbstverständlich auch über Skype ein Videochat gehalten werden. Um das zu gewährleisten, sollten Sie in den *Einstellungen* von Skype (Menü *Skype*) im Bereich *Video* die Option *Skype Video aktivieren* einschalten. Dort können Sie auch die Kamera auswählen, die Skype verwenden soll. Wenn Sie z. B. einen Apple LED Cinema-Display angeschlossen haben, können Sie auch dessen eingebaute iSight-Kamera für den Videochat verwenden.

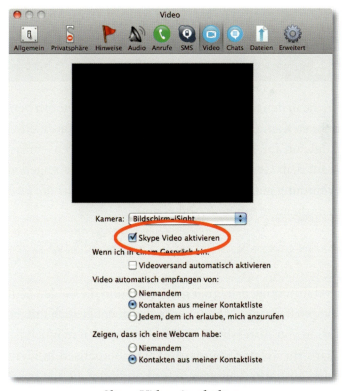

Skype Video einschalten

Kapitel 4

Ist die Videofunktion in Skype aktiviert, dann müssen Sie nur noch eine Videoverbindung aufbauen. Ein Mausklick auf das Videosymbol einer aufgebauten Verbindung öffnet den Videochat und Sie können loslegen.

Der Videochat in Skype läuft

Bluetooth

Sicher haben Sie in den Systemeinstellungen schon Bluetooth bemerkt. Drahtlos nehmen Sie so Kontakt zu einem Headset, einer Tastatur, einer Maus oder einem Mobiltelefon auf. Beim ersten Kontakt – dem Pairen – müssen Sie unter Umständen auf dem Gerät eine Nummernkombination eingeben und schon wird die Verbindung aufgebaut. Besonders interessant ist die Funktion iSync in Zusammenarbeit mit einem Mobiltelefon.

iSync

Ist die Kontaktaufnahme erfolgreich gewesen und die beiden Geräte sind miteinander gekoppelt worden, dann wurde Ihnen dabei auch mitgeteilt, ob eine Synchronisation von Adressbuch und Kalenderdaten möglich ist. Ist das der Fall, dann wird Ihr Telefon standardmäßig automatisch in iSync aufgenommen. Sollte dies ausnahmsweise nicht funktioniert haben, starten Sie das Programm iSync und wählen den Eintrag *Gerät hinzufügen*.

Anschlüsse und was man damit alles machen kann

iSync nimmt Kontakt auf

So beginnt iSync mit der Suche nach in Reichweite befindlichen bluetoothfähigen Mobiltelefonen. Dabei kann es passieren, dass Geräte zwar über Bluetooth verfügen, auch in Reichweite sind, jedoch nicht die nötige Software mitbringen, um mit iSync synchronisiert zu werden.

Am Bildschirmfoto sehen Sie mit dem Motorola Z3 ein derartiges Gerät. Wenn Sie über die Anschaffung eines Mobiltelefons nachdenken, ist es eine gute Idee, vorab bei Apple auf der Internetseite zu prüfen, welche Telefone derzeit den Abgleich mit iSync unterstützen.

Nettes Gimmick: Wenn Sie das Programmsymbol iSync auf das Programm iPhoto ziehen, beginnt iPhoto, die Bilder der Handy-Modelle auszulesen, die von iSync aktuell unterstützt werden.

Kapitel 4

Bilder der unterstützten Mobiltelefone in iPhoto

Hat die Kontaktaufnahme mit Ihrem Mobiltelefon funktioniert, ist alles Weitere sehr schnell und einfach erledigt. Definieren Sie bei der ersten Synchronisierung, wie der Datenbestand abgeglichen werden soll. Sollen die Daten auf dem Telefon gelöscht und von den Computerdaten überschrieben werden oder sollen die Daten vom Computer und dem Telefon zusammenfließen? Entscheiden Sie, welche Daten aus Ihrem Adressbuch synchronisiert werden sollen. Wählen Sie dort entweder die Funktion *Alle Kontakte* oder wählen Sie Gruppen aus, die Sie vorher im Adressbuch definiert haben. Schließlich können Sie im Bereich *Kalender* die Kalender selektieren, die auf Ihr Mobiltelefon übertragen werden sollen.

Auf Ihrem Mobiltelefon können selbstverständlich weitere neue Termine definiert werden. Legen Sie also zudem fest, wo die auf dem Mobiltelefon hinterlegten Termine bei der nächsten Synchronisation in iCal auf Ihrem Rechner landen sollen.

Anschlüsse und was man damit alles machen kann

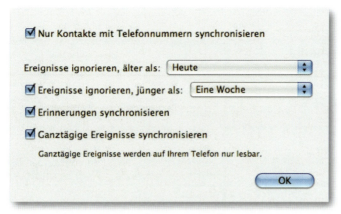

Weitere Optionen in iSync

Sie können den Abgleich des Datenbestands von Computer und Telefon noch etwas feiner justieren. Dafür bietet iSync weitere Optionen an.

Der Abgleich funktioniert erschreckend einfach und schnell. Sind Sie nun tags drauf mit Ihrem Mobiltelefon unterwegs und erfassen neue Adressdaten, so werden bei der nächsten Synchronisation diese Daten auf Ihren Computer übertragen und andersherum ebenso. Damit werden Sie sicher keinen Termin mehr versäumen. Und hier noch mal die Erinnerung an die Kalenderfunktionalität, bei der Sie die Termine mit Nachrichten oder mit Nachrichten und Tönen belegen können. Selbst diese Informationen werden auf Ihr Mobiltelefon übertragen. Wenn also ein Ereignis mit einer Terminerinnerung ansteht, wird sowohl Ihr Rechner als auch Ihr Mobiltelefon mit einem Hinweis bezüglich dieses Termins aufwarten.

Wird Ihr Mobiltelefon von Apple nicht unterstützt, ist das kein Grund zum Verzweifeln. Denn es gibt die Firma Novamedia, die zusätzliche Plug-ins im Portfolio hat, um auch Ihr Telefon mit iSync und Apple zusammenarbeiten zu lassen.

Kapitel 4

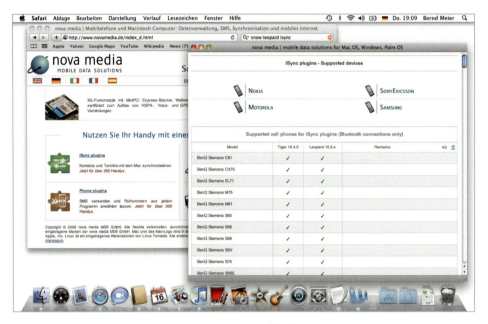

www.novamedia.de

> Besitzen Sie hingegen ein iPhone oder einen iPod, dann wird der Datenabgleich mit Ihrem tragbaren Rechner über ein USB-Kabel und via iTunes gelöst. iSync ist also dazu nicht notwendig. Besonders elegant ist der Datenabgleich via Exchange oder MobileMe: So kommen neue Termine und Adressen drahtlos vom iPhone zum Mac und umgekehrt.

Zusätzliche Funktionen

Ausnahmslos alle tragbaren Mac-Rechner haben auf der Gerätevorderseite eine Anzeige für den Ruhezustand des Rechners. Diese pulsiert, sobald der Rechner sich z. B. durch Zuklappen in den Ruhezustand begeben hat. Wird er wieder aufgeklappt, erwacht der Rechner zum Leben und das Licht erlischt.

Bis auf das MacBook Air haben alle Modelle auf rechten Gehäuseseite eine Öse zum Anbringen eines Diebstahlschutzes. Gegenüber auf der linken Seite ist der aktuelle Batterieladezustand ablesbar.

Nicht vergessen werden darf der Infrarotempfänger auf der Vorderseite. Mit der optional zu erwerbenden Apple-Remote-Fernbedienung kann Ihr Mac

Anschlüsse und was man damit alles machen kann

ferngesteuert werden. Zuständig hierfür ist das Multimediaprogramm *Front Row,* das sich bereits in Ihrem *Programme*-Ordner befindet. Wenn Sie keine Apple Remote besitzen, müssen Sie die Applikation mit den *Cursor-Tasten* und der *Esc-Taste* bedienen.

Apple-Remote-Fernbedienung

Front Row

Kapitel 4

Besonders clever ist die Eigenschaft, mit der Apple Remote das AppleTV zu steuern.

AppleTV

Das kleine Kästchen wird über HDMI mit dem Fernseher verbunden und bekommt seine Daten entweder über WiFi aus dem Internet oder über den tragbaren Mac als Freigabe.

Privatfreigabe in iTunes

Anschlüsse und was man damit alles machen kann

Und so gelangen die Elemente der iTunes-Bibliothek wie Songs, Bilder oder auch Filme direkt über das AppleTV auf den Breitbandbildschirm im Wohnzimmer.

> *Damit die Apple Remote nicht gleichzeitig Computer und AppleTV steuert, kann diese vom Computer abgemeldet werden. Verwenden Sie hierzu in den **Systemeinstellungen** bei **Sicherheit** die Funktion **Infrarotempfänger für Fernbedienungen deaktivieren** im Bereich **Allgemein**.*

Soll die Fernbedienung erneut den Computer steuern, so ist die vorherige Funktion zu deaktivieren. Werden ca. 5 Sekunden die Menü- und Vorwärtsspulen-Taste ca. 10 cm vor dem tragbaren Mac gedrückt gehalten, wird diese Fernbedienung mit diesem Rechner exklusiv gekoppelt.

Kapitel 5:
Futter – Datenübernahme von bisherigen Systemen

Kapitel 5

Futter – Datenübernahme von bisherigen Systemen

Wenn Sie bislang schon einen Computer Ihr Eigen nannten, dann könnten Sie nun Lust bekommen, dessen Daten auf Ihren neuen tragbaren Rechner übernehmen zu wollen. Das geht in allen Fällen sehr einfach. Egal, ob Sie vorher einen Mac oder einen PC mit Windows besessen hatten.

Daten von einem Mac übernehmen – der Migrationsassistent

Dieses Programm ist dazu da, um von einer bestehenden Installation Daten auf einen neuen Rechner zu übernehmen. Der Migrationsassistent ist auch Bestandteil der Installations-DVD. Das bedeutet, dass Sie nach erfolgter Installation des Betriebssystems mithilfe des Migrationsassistenten von einem anderen Rechner oder von einem anderen Volume innerhalb Ihres Rechners Daten in die neue Installation übernehmen können. Dieser Vorgang kann zu einem beliebigen Zeitpunkt wiederholt werden. Deshalb finden Sie im Ordner *Dienstprogramme* das Programm *Migrationsassistent*.

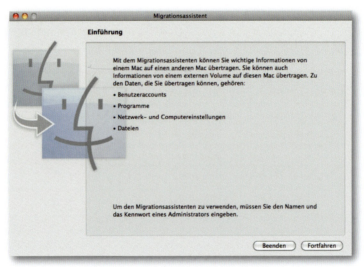

Migrationsassistent ist gestartet

Futter – Datenübernahme von bisherigen Systemen

Wo sind die bestehenden Daten?

Klicken Sie auf *Fortfahren,* um zum zweiten Bildschirm zu gelangen. Hier nun bietet der Migrationsassistent die Wahlmöglichkeit zwischen verschiedenen Quellsystemen. Die Daten können *Von einem anderen Mac* kommen, den Sie über ein FireWire-Kabel ansprechen. Dazu sollte der andere Mac im Target-Modus gestartet sein. Den *Target-Modus* erreicht man, wenn während des Einschaltens die *Taste T* gedrückt wird.

*Neu ist die Möglichkeit, die Datenübertragung über das Netzwerk stattfinden zu lassen. So können Sie nun via WiFi oder Ethernet auf andere Macs zugreifen. Auf dem anderen Rechner muss hierzu ebenfalls der Migrationsassistent gestartet und dort die Eigenschaft **Auf einen anderen Mac** aktiviert sein.*

Kapitel 5

Migrationsassistent via Netzwerk

Auf dem anderen Mac wird nun der Migrationsassistent gestartet und dort ist die gleiche Nummer einzutragen.

Futter – Datenübernahme von bisherigen Systemen

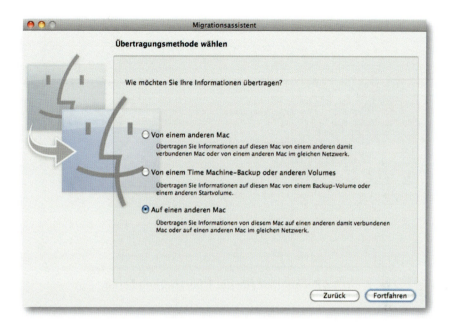

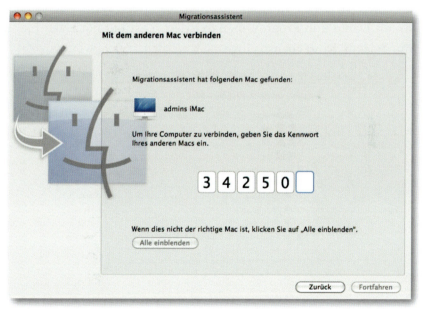

Auf dem anderen Mac ist die korrekte Nummer einzutragen

Anschließend werden alle Programme geschlossen und die Übertragung kann starten.

Kapitel 5

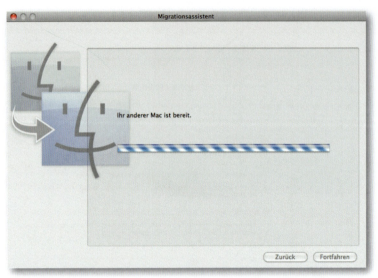

Der Rechner ist für die Übertragung bereit

Von einem anderen Volume auf diesen Mac heißt, dass Ihre Festplatte partitioniert und dort auf der anderen Partition ein bereits existierendes Betriebssystem mit Daten und Programmen existiert. Last but not least: Ein Time-Machine-Backup kann ebenso eingespielt werden.

Welche Benutzerordner sollen übertragen werden? Welche Ordnerinhalte sollen zudem übertragen werden?

Futter – Datenübernahme von bisherigen Systemen

Als Erstes können Sie angeben, welche Benutzerordner (Homeverzeichnisse) von dem bestehenden Quellrechner übertragen werden sollen. Im Homeverzeichnis sind ja bekanntlich sämtliche Daten eines Anwenders abgelegt. (Bilder in iPhoto, Musik in iTunes, die Konfiguration des Docks, der Schreibtischhintergrund, die Lesezeichen für den Browser etc.). Damit werden eine Fülle von Daten übertragen und so verhält sich dann der Rechner, der diese Daten bekommen hat, genauso, als wenn er der bestehende Altrechner wäre. Natürlich wird auch der Schlüsselbund mit all seinen Kennwörtern übertragen. Damit können die Benutzer nach erfolgter Übertragung sofort wieder weiterarbeiten, als wenn nichts geschehen wäre.

Es macht durchaus Sinn, nicht nur die Benutzerverzeichnisse zu kopieren, sondern auch von dem Quellrechner die bereits installierten Programme zu übertragen. Programme benötigen oftmals Zusatzdateien *(Library)*, die dann ebenfalls übertragen werden. Wenn Sie auf dem anderen Rechner noch Dateien und Ordner direkt auf der Festplatte liegen haben, können auch diese übernommen werden. Und zu guter Letzt können Sie noch Einstellungen auswählen, die übernommen werden sollen (zum Beispiel Netzwerkeinstellungen, die den Internetzugang beinhalten, oder Einstellungen zur Freigabe etc).

Übertragungsmethoden des Migrationsassistenten

Nun zur Übertragung eines Time-Machine-Backups. Dabei haben Sie die gleichen Schritte zu durchlaufen, die bereits besprochen wurden.

Kapitel 5

Zugriff auf Time-Machine-Backup

> *Bitte beachten Sie, dass Benutzer, die FileVault aktiviert hatten und verschlüsselt sind, über den Migrationsassistenten nicht wiederhergestellt werden können. Das ist auch verständlich, denn es wäre ansonsten eine Sicherheitslücke. Stellen Sie sich vor, ein Anwender verschlüsselt seine Daten mit FileVault und jeder könnte nun über diesen Migrationsassistenten trotzdem seine Daten auslesen (Weitere Informationen zu FileVault finden Sie im Kapitel 6 – Sicherheit).*

FileVault-User können nicht übertragen werden!

Alle Einstellungen erledigt? Dann kann es losgehen. Sie klicken im letzten Dialogfenster auf *Fortfahren* und nun beginnt der Kopiervorgang vom Quelllaufwerk

Futter – Datenübernahme von bisherigen Systemen

auf den Zielrechner. Je nach Summe der Daten, kann es durchaus einige Zeit beanspruchen. Ich habe zum Beispiel im Juli 2009 einen neuen Rechner gekauft und von meinem alten Rechner damit in der Summe etwa 80 GByte an Daten übertragen, die sich auf Benutzerordner, Programme-Ordner etc. aufteilen. Der Vorgang dauerte etwa drei Stunden. Die Verbindung wurde über das FireWire-Kabel hergestellt.

> Achten Sie darauf, dass während der Übertragung die Verbindung von Quell- und Zielsystem nicht unterbrochen wird. Dies kann zu ungewollten Ergebnissen führen.

Problem bei der Netzverbindung

Aber nach diesen drei Stunden ist das Ergebnis schlichtweg sensationell. Der neue Rechner verhält sich und funktioniert genauso wie der vorherige Computer! Ohne jegliche Abstriche! Alle Programme wurden übertragen. Sie können also sofort weiterarbeiten, denn zudem ist ebenfalls der Benutzerordner übernommen worden und der enthält sämtliche Grundeinstellungen: Das Dock sieht identisch aus, der Bildschirmhintergund ist vorhanden, die Kennwörter liegen vor, alle Programme haben Ihre Einstellungen behalten etc. Sie haben also keine weiteren zusätzlichen Einstellungen vorzunehmen. Der Migrationsassistent hat alles ordnungsgemäß übertragen und Ihnen so das manuelle Installieren und Aufsetzen eines neuen Rechners erspart!

Stellen Sie sich beispielsweise mal vor, Sie müssten den neuen Rechner nach der Installation des Betriebssystems mit allen Programmen versehen – die CDs müssen ausgepackt werden, die Seriennummern müssen besorgt werden. Oder denken Sie an die Fülle der Informationen, die Sie in Ihrem Benutzerordner haben: Lieder, die Sie in iTunes hatten, müssten neu eingespielt, die Kennwörter des Schlüsselbunds neu eingegeben werden. Der Migrationsassistent erspart Ihnen unheimlich viel Zeit und Mühe!

Kapitel 5

Daten von einem Win-PC übernehmen

Via Internet: MobileMe

60 Tage kostenlos testen

Ja – richtig – MobileMe, den Online-Dienst von Apple, gibt es auch für Windows-Computer. Wenn Sie MobileMe nur für die Übernahme der Daten benötigen sollten, so ist auch das kein Problem: Holen Sie sich einen 60-tägigen kostenlosen Probeaccount, synchronisieren Sie die Daten vom Windows-Rechner zu Apples Servern im Internet und von dort wieder zurück auf Ihren neuen Mac. So einfach geht das!

MobileMe unter Windows

Welche Daten kann MobileMe von Ihrem Windows-System überspielen?

Futter – Datenübernahme von bisherigen Systemen

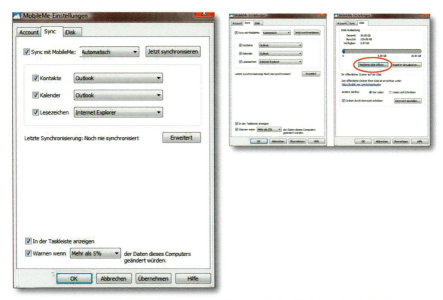

Einstellungen für die Synchronisation und die iDisk unter Windows

Sie sehen, dass Sie damit schnell und unkompliziert Ihre Outlook-Kontakte und -Termine sowie Ihre Internet-Explorer-Lesezeichen übertragen können. Bei den Kontakten könnten Sie zudem Google Contacts, das Yahoo!-Adressbuch oder die Kontakte des Windows-Kontakte-Programms verwenden. Die „anderen Dateien" könnten Sie bequem über die iDisk (*MobileMe-iDisk öffnen*) ins Internet übertragen und dann vom Mac aus wieder synchronisieren.

Auf der Mac-Seite müssen Sie zuerst Ihren MobileMe-Account einrichten. Dazu öffnen Sie im -Menü die *Systemeinstellungen* und klicken auf den Eintrag *MobileMe*. Tragen Sie dort die Zugangsdaten für MobileMe ein.

Zugang zu MobileMe einrichten

167

Nach der Anmeldung steht Ihnen die Synchronisierungsfunktion zur Verfügung. Wechseln Sie zum Register *Sync* und wählen dort die Objekte aus, die mit dem Mac synchronisiert werden sollen. Bei der Datenübernahme von Windows sind das die *Lesezeichen*, der *Kalender* und die *Kontakte*. Anschließend klicken Sie auf die Schaltfläche *Sync starten* rechts oben im Fenster und der Mac beginnt, die ausgewählten Daten mit Ihrem MobileMe-Account abzugleichen.

Was soll synchronisiert werden?

Um nun die restlichen Daten, die bei MobileMe auf der iDisk liegen, auf den Mac zu übertragen, müssen Sie sich nur bei der iDisk einloggen. Normalerweise erscheint die iDisk in einem Finder-Fenster bei den Geräten.

*Falls die iDisk nicht in der Seitenleiste bei den Geräten auftaucht, dann öffnen Sie unter Menü **Finder** die **Einstellungen**. Dort können Sie im Bereich **Seitenleiste** die **iDisk** aktivieren. Ist das Häkchen gesetzt, dann erscheint auch das iDisk-Symbol in der Seitenleiste des Finder-Fensters.*

Futter – Datenübernahme von bisherigen Systemen

Die iDisk muss in den Finder-Einstellungen aktiviert sein.

Ein Mausklick auf die iDisk in der Seitenleiste eines Finder-Fensters baut die Verbindung zu MobileMe bzw. der iDisk auf. Steht die Verbindung, sehen Sie im Fenster nun den Inhalt der iDisk und Sie können nach Belieben Ihre Windows-Dateien per Drag-and-Drop auf den Mac kopieren.

Die Verbindung zur iDisk ist aufgebaut.

Kapitel 5

Externer Datenträger

Man verwendet einen externen Datenträger, zum Beispiel eine externe USB-Festplatte, im besten Fall eine USB-2.0-Festplatte, eine externe FireWire-Festplatte mit 400 oder 800 MBit pro Sekunde, einen USB-Stick oder einen optischen Datenträger wie eine CD oder DVD.

> Sie sollten bei der Wahl des Datenträgers bedenken, dass Sie möglicherweise eine Fülle von Daten haben, die übernommen werden sollen. Müssen Sie beispielsweise von Ihrem Windows-PC viele Bilder, Musikstücke etc. auf Ihren Mac übertragen, so kommen locker mal 100, 200 Gigabyte oder mehr an Daten zusammen. Dabei macht es wenig Sinn, als Datenträger CDs oder DVDs einzusetzen, denn Sie haben damit mehr Aufwand, die Daten zusammenzustellen und zu strukturieren, um sie auf einzelne CDs brennen zu können. Auch ein USB-Stick scheidet damit relativ schnell aus. Empfehlung ist also die Verwendung eines externen, ausreichend großen Datenträgers in Form einer USB-2- oder FireWire-Festplatte. Sofern Sie FireWire verwenden, achten Sie bitte darauf, dass sowohl der PC als auch der Mac den gleichen FireWire-Anschluss verwenden; es gibt FireWire-Platten mit der Geschwindigkeit 400 und 800 MBit pro Sekunde.

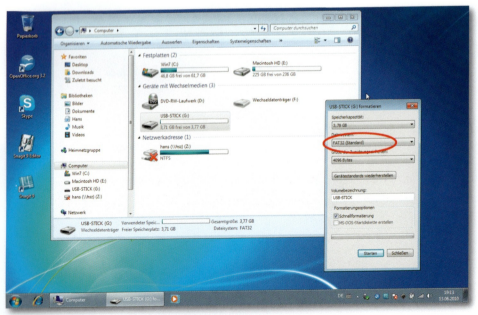

Datenträger und Windows formatieren

Futter – Datenübernahme von bisherigen Systemen

Das Zweite, worauf Sie achten müssen, ist, dass Ihr Datenträger optimal konfiguriert ist.

Das heißt: Das Datenträgerformat muss sowohl vom PC als auch vom Mac gelesen werden können. Hier bietet sich das FAT-Dateisystem an.

Am Windows-Rechner klicken Sie mit der rechten Maustaste den Datenträger an, den Sie im *Arbeitsplatz*-Fenster finden, wählen dort *Formatieren* und dann die Eigenschaft FAT oder FAT32. FAT32 ist zu wählen, wenn der Datenträger über mehr als vier Gigabyte Fassungsvolumen verfügt.

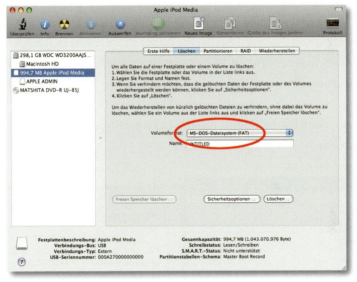

Datenträger vorbereiten

Sollten Sie den Datenträger auf dem Mac formatieren wollen, wäre hierzu das *Festplatten-Dienstprogramm* zuständig, das Sie im *Dienstprogramme*-Ordner finden. Schließen Sie also Ihren Datenträger an den Mac an, sogleich wird er im *Festplatten-Dienstprogramm* in der linken Spalte erscheinen. Wählen Sie dort den Datenträger aus und wählen dann den Reiter *Löschen*. Als *Volumeformat* ist hier *MS-DOS-Dateisystem (FAT)* zu verwenden. Nun ist Ihr Datenträger also vorbereitet, um die Daten vom PC aufnehmen zu können.

Beim Formatieren werden alle Daten auf dem Datenträger gelöscht!

171

Kapitel 5

Lokales Netzwerk

Datenaustausch über Kabel bzw. über WLAN. Besser ist es, wenn sich beide Rechner im gleichen Netzwerk befinden. Dann können die Daten einfach über das Ethernetkabel oder über WLAN bzw. Airport, also Wi-Fi, ausgetauscht werden. Bedingung hierfür ist, dass beide Rechner über eine IP-Adresse im selben Netzwerk verfügen und Sie bei einer Kabelverbindung ein Ethernet-Netzwerkkabel in den Mac eingesteckt haben.

Ethernet-Symbol am Mac

Wie aber können Sie die IP-Adresse Ihres PC-Rechners herausfinden? Klicken Sie dazu mit der linken Maustaste in den *Infobereich* der *Taskleiste* und öffnen die Übersicht der Netzwerke. Dann klicken Sie mit der rechten Maustaste auf Ihr Netzwerk und wählen dort *Status* aus. Im Statusfenster klicken Sie nun auf die Schaltfläche *Details* um die Informationen über die TCP/IP-Daten zu bekommen.

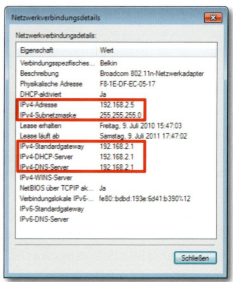

IP-Adresse des Windows-Rechners

Futter – Datenübernahme von bisherigen Systemen

Wie bekommt man am Mac die IP-Adresse heraus?

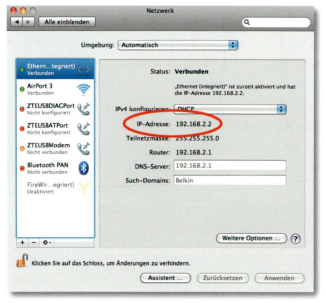

IP-Adresse des Macs

Hierzu starten Sie die *Systemeinstellungen*, die Sie beispielsweise im -Menü finden, und wählen hernach das Symbol *Netzwerk* aus. Auch dort gibt es möglicherweise eine Reihe von potenziellen Netzwerkverbindungen. Mindestens eine davon wird die Eigenschaft *Verbunden* aufweisen und mit einem grünen Signal gekennzeichnet sein.

Klicken Sie diese an, so können Sie auf der rechten Seite für diesen Verbindungstyp die Netzwerkadresse ablesen. In unserem Beispiel hat der PC die IP-Adresse 192.168.2.5, der Mac hingegen 192.168.2.2. Sie sehen, dass die beiden Nummern an drei Stellen identisch sind. Das ist ein Signal dafür, dass sich beide Rechner aktuell im gleichen Netzwerk befinden und über einen Router oder Switch Daten austauschen können.

> *Sollten die Nummern hier verschieden sein, dann hat etwas nicht funktioniert und die Rechner befinden sich in unterschiedlichen Netzwerken und können möglicherweise die Daten nicht austauschen. Beispiel: Der Apple-Rechner meldet 169.120.3.14, das heißt hier unterscheiden sich alle Stellen der IP-Adresse von der des Windows-Rechners. Es ist damit nicht möglich, Daten auszutauschen.*

Falls sich die beiden IP-Adressen unterscheiden, muss eine der IP-Adressen geändert werden. Das erledigen Sie am Besten am Mac, da dort die Einstellungen wesentlich einfacher geändert werden können. Zuerst öffnen Sie wieder die *Systemeinstellungen* aus dem -Menü und klicken auf *Netzwerk*, damit die Netzwerkeinstellungen eingeblendet werden. Auf der linken Seite markieren Sie dann die Netzwerkverbindung, die zur Zeit aktiv ist. Als Nächstes klicken Sie auf die Schaltfläche *Weitere Optionen* rechts unten im Fenster. Dadurch werden die erweiterten Einstellungen geöffnet.

Jetzt müssen Sie nur noch auf das Register *TCP/IP* klicken. Dort finden Sie dann die Eingabefelder für die IP-Adresse. Tragen Sie eine IP-Adresse ein, die mit der IP-Adresse Ihres Windows-PC übereinstimmt, nur die letzte Zahl der Adresse muss unterschiedlich sein. Danach klicken Sie auf *OK* und anschließend auf die Schaltfläche *Anwenden*.

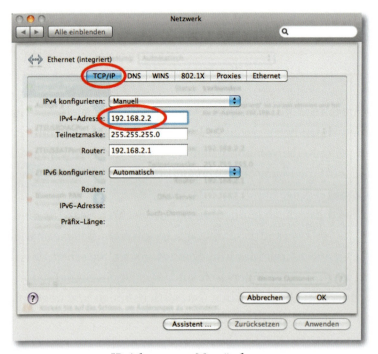

IP-Adresse am Mac ändern

Befinden sich der Mac und der PC nun im gleichen Netzwerk, müssen Sie nur noch die Freigabe auf dem Windows-PC aktivieren. Zuerst öffnen Sie in der *Systemsteuerung* das *Netzwerk- und Freigabecenter*. Klicken Sie anschließend auf der linken Seite auf die Option *Erweiterte Freigabeeinstellungen ändern*.

Futter – Datenübernahme von bisherigen Systemen

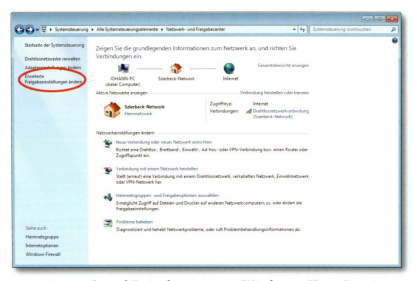

Das Netzwerk- und Freigabecenter von Windows 7 Home Premium.

Jetzt müssen Sie noch im Bereich *Datei- und Druckerfreigabe* die gleichnamige Option aktivieren. Dadurch können Sie vom Mac aus auf die Dateien Ihres Windows-PCs zugreifen. Damit wird der ganze Benutzerordner des PCs vom Mac aus zugänglich. Klicken Sie anschließend auf die Schaltfläche *Änderungen speichern*.

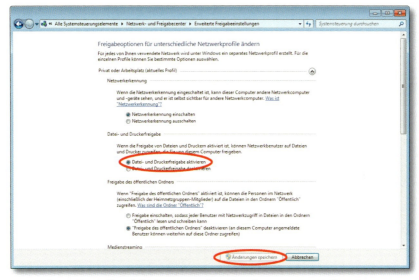

Der Zugriff auf die Dateien des Windows-PCs ist aktiviert.

Kapitel 5

Falls die Daten für den Austausch außerhalb des Benutzerordners des PCs liegen, müssen Sie noch einen weiteren Arbeitsschritt durchführen, um den/die Ordner für das Netzwerk freizugeben. Wählen Sie den Ordner aus, in dem sich die Daten für den Austausch befinden, und öffnen Sie mit der rechten Maustaste die *Eigenschaften* des Ordners. Dann wechseln Sie zum Register *Freigabe* und klicken auf die Schaltfläche *Erweiterte Freigabe*.

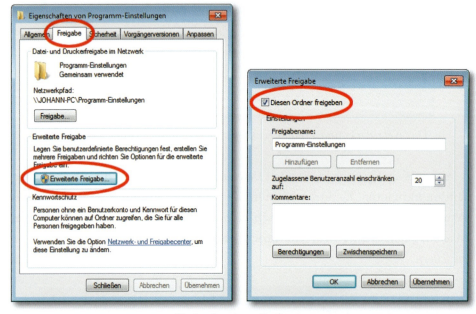

Freigabe eines Ordners

Im Fenster müssen Sie jetzt nur noch die Option *Diesen Ordner freigeben* aktivieren. Optional können Sie noch den *Freigabenamen* ändern, falls Sie nicht wollen, dass der normale Ordnername verwendet wird. Der Freigabename ist der Name des Ordners im Netzwerk. Wenn Sie nun alle geöffneten Fenster mit einem Mausklick auf *OK* bestätigen, können Sie die Verbindung zwischen dem Mac und dem Windows-PC aufbauen.

Wie aber greifen Sie nun vom Mac aus auf diese Freigaben zu?

Gehen Sie im *Finder* zu *Gehe zu –> Mit Server verbinden*.

Futter – Datenübernahme von bisherigen Systemen

Gehe zu –> Mit Server verbinden

> Dort ist die IP-Adresse des PCs einzutragen. Aber aufgepasst! Es muss davor noch das Kürzel **SMB://** formuliert werden. Das liegt daran, dass der Mac normalerweise eine andere Netzwerksprache spricht als ein Windows-PC.

Eine gute Idee ist es, mit einem Plus diese IP-Adresse als bevorzugten Server zu kennzeichnen, um später mit einem Klick ohne die Eingabe der Nummer auf den Windows-Rechner zugreifen zu können. Klicken Sie hernach auf *Verbinden*, um die Kontaktaufnahme zu ermöglichen. Meldet sich Ihr PC, wird er beim Mac anfragen, mit welchem Benutzernamen und Kennwort er zugreifen soll.

Benutzername- und Kennworteingabe

Geben Sie die Zugangsdaten Ihres PCs (Name und Kennwort des Windows-PC-Benutzers) ein, um entweder auf die freigegebenen Ordner oder den User-Ordner zuzugreifen, und klicken Sie auf *Verbinden*. Jetzt sollte der Mac die Freigaben sehen.

Kapitel 5

Der Mac sieht die Freigaben des PCs.

Sie sehen jetzt alle Freigaben, die Ihr PC zur Verfügung gestellt hat. Sie haben sich für einen dieser Ordner entschieden? Am besten Sie wählen mit cmd + A alle Freigaben des Windows-Rechners aus und sagen *OK*, um die Verbindung zu etablieren. Wo können Sie am PC erkennen, welche Freigaben im Netzwerk verfügbar sind?

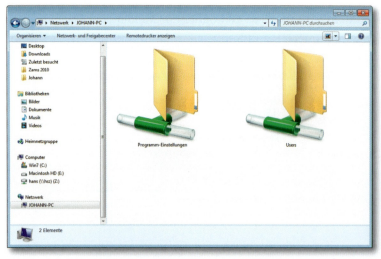

Freigaben des Windows-Rechners

Wenn Sie den Windows Explorer öffnen, sehen Sie auf der linken Seite die Option *Netzwerk*. Klappen Sie die Option auf und Sie sehen Ihren Windows-PC. Klicken Sie ihn an und auf der rechten Seite des Fensters tauchen nun alle Freigaben Ihres Windows-PCs auf. Sie wissen damit, dass diese Ordner im Netzwerk zur Verfügung stehen.

Futter – Datenübernahme von bisherigen Systemen

Kontakt erfolgreich hergestellt

Wie können Sie nun auf die Daten des PCs zugreifen? Sie öffnen einfach ein *Finder*-Fenster und müssten links in der Leiste bei *Freigaben* bei der IP-Adresse Ihren Windows-Rechner und in der Spalte daneben die Freigaben sehen. Und jetzt können Sie nach Herzenslaune – ich habe im vorhergehenden Bildschirmfoto die Spaltendarstellung gewählt – die Daten Ihres PCs einsehen und einzeln oder komplett auf Ihren Mac kopieren.

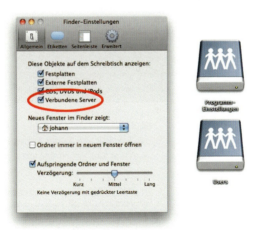

Server auf dem Desktop anzeigen lassen

Kapitel 5

> Es gibt am Mac eine weitere sehr interessante Einstellung, die Sie unter **Finder –> Einstellungen** finden oder mit **cmd + , (Komma)** aufrufen. Dort gibt es im Reiter **Allgemein** die Funktionalität, **verbundene Server** direkt auf dem Schreibtisch anzeigen zu lassen.

Ich finde die Funktion gut und verwende sie stets. So muss ich nicht immer ein Fenster aufmachen, um die Verbindung zum PC zu sehen, sondern ich erkenne direkt auf dem Desktop die Freigaben, über die ich aktuell mit dem PC in Verbindung stehe.

> Sie sollten nicht vergessen, dass es am Mac im -Menü unter **Benutzte Objekte** den Eintrag **Server** gibt. Wenn Sie also einmal erfolgreich eine Verbindung zu einem anderen Computer aufgenommen haben, können Sie über den dortigen Eintrag sehr schnell wieder auf diese Serververbindung zugreifen.

Benutzte Objekte

Futter – Datenübernahme von bisherigen Systemen

Egal, ob Sie die Daten übers Netzwerk oder mithilfe eines Datenträgers übermitteln – es ist in allen Fällen eine gute Idee, diese Dateien und Ordner vorher zu komprimieren. Durch die Umwandlung in eine .zip-Datei gelingt die Übertragung meist dramatisch schneller. Beispiel: Wenn Sie 1000 Word-Dateien auf einen externen USB-Datenträger kopieren, dauert das ca. zehn Mal länger, als wenn Sie eine .zip-Datei verwenden, die diese 1000 Daten enthält. Sicher benötigen Sie zum Komprimieren am Quellort und beim Auspacken am Zielort wieder Zeit. Doch in der Summe wird es mehrfach schneller sein als das Kopieren von Einzeldateien!

Wo müssen die Daten am Mac abgelegt werden?

Wenn Sie Ihren Windows-Rechner verwenden, dann speichern Sie Ihre Daten und Dokumente im Normalfall innerhalb des eigenen Benutzerordners. Dieser Ordner hat z. B. schon vordefinierte Unterordner namens *Eigene Musik* und *Eigene Bilder*. Darüber hinaus können Sie als Anwender beliebige weitere Ordner und Unterordner erzeugen, um dort Ihre Daten abzulegen.

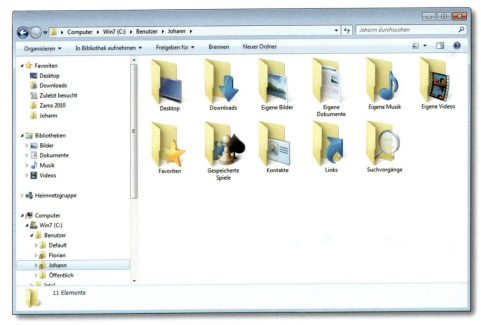

Benutzerordner von Johann

181

Kapitel 5

Auf dem Snow-Leopard-Rechner ist hierfür der Benutzerordner vorgesehen. Jeder Anwender bekommt innerhalb des Ordners *Benutzer* auf der Festplatte einen Unterordner, der mit seinem Kurznamen versehen ist und ein Haus als Symbol trägt. Das ist der sogenannte Benutzerordner oder auch das *Homeverzeichnis*.

Der Benutzerordner

Und auch hierin sehen Sie bereits eine vordefinierte Ordnerstruktur. Insgesamt sind neun Ordner darin enthalten. Die Bedeutung der Ordner:

- *Schreibtisch* (= Desktop unter Windows 7): Alle Dateien und Ordner, die dort eingebracht werden, erscheinen auf der Schreibtischoberfläche, also auf dem *Desktop*.
- *Dokumente* (= Eigene Dokumente unter Windows 7): Dieser Ordner enthält zum Beispiel die Grundeinstellungen für Microsoft Office 2008 oder Office 2011. Er ist aber dazu gedacht, dass er die Dateien aufnimmt, die Sie aus Textverarbeitungs- und Grafikprogrammen erzeugen. Öffnen Sie den Ordner *Dokumente* und bauen Sie darin eine vernünftige Unterordnerstruktur auf, um dort Ihre Daten geordnet ablegen zu können.

Futter – Datenübernahme von bisherigen Systemen

- *Downloads* (= Downloads unter Windows 7): Der Ordner *Downloads* dient dazu, aus den Programmen *Safari, iChat* oder auch *Mail* Downloaddateien, die Sie über das Internet bekommen, abzulegen.
- *Library* (=AppData unter Windows 7): Der Ordner *Library* ist nicht wirklich zum Arbeiten gedacht. Er enthält Einstellungen: die Einstellungen der Programme, die Konfiguration Ihrer Benutzeroberfläche, die Einstellungen für zum Beispiel Thunderbird etc. Der Ordner *Library* ist damit in etwa vergleichbar mit dem, was Sie als *C:\Dokumente und Einstellungen\Benutzername* unter Windows XP oder dem Ordner *C:\Benutzer\Benutzername\AppData* unter Windows 7 kennen. Auch hierin sind Einstellungsdateien enthalten, die Sie bei der Arbeit mit Windows verwenden.

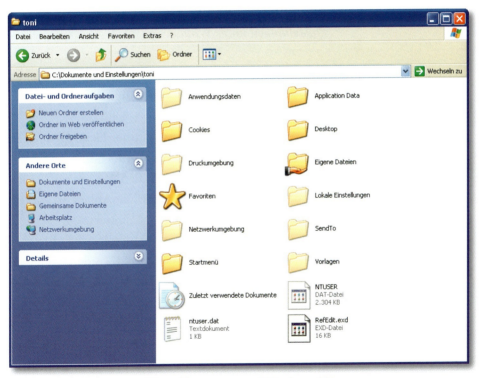

Einstellungen unter Windows XP

Kapitel 5

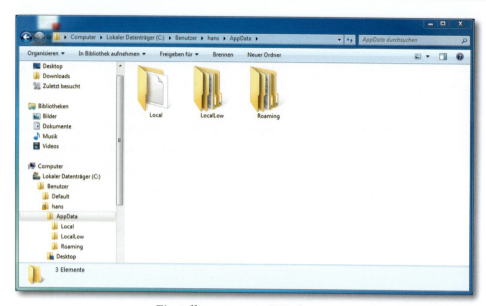

Einstellungen unter Windows 7

Wie Sie wenig später sehen werden, sind diese bei Windows vorgenommenen Einstellungen durchaus interessant, weil man daraus Dinge entnehmen und am Mac weiterverwenden kann.

- *Filme* (= Eigene Videos unter Windows 7): Der Ordner *Filme* dient dazu, Filme von einer DV-Kamera mithilfe des Programms *iMovie* herunterzuladen, zu schneiden und hernach wieder auf die DV-Kamera zurückzuspielen. Der Ordner *Filme* ist der standardmäßige Ablageort, der in Zusammenarbeit mit dem Programm *iMovie* funktioniert.
- *Musik* (= Eigene Musik unter Windows 7): Im Ordner *Musik* landet normalerweise Ihre *iTunes-Bibliothek*. Auch diesen Ordner werden wir gleich benötigen, wenn wir von Windows die *iTunes*-Daten zum Mac übertragen.
- *Bilder* (= Eigene Bilder unter Windows 7): Das Programm *iPhoto*, das zuständig ist für die Kontaktaufnahme mit digitalen Fotokameras, legt hier seine Bilddaten ab. Wenn Sie also von einer digitalen Fotokamera Bilder herunterladen, werden diese zunächst in *iPhoto* geladen, und *iPhoto* legt diese im *Bilder*-Ordner ab.

Futter – Datenübernahme von bisherigen Systemen

- *Öffentlich* (= Öffentlich unter Windows 7): Öffentlich ist dazu gedacht, in einem Netzwerk Daten auszutauschen. Das heißt, dieser *Öffentlich*-Ordner ist im Netzwerk für Windows und andere Apple-Rechner sichtbar. Damit können dort aus dem Netzwerk heraus Daten per Drag & Drop wie in einen Briefkasten zugestellt werden.
- *Websites* (gibt es bei Windows 7 nicht): Bei Snow Leopard wird standardmäßig auch *Apache* mitgeliefert. *Apache* ist die Standardsoftware, um Webseiten verfügbar zu machen. Wenn *Apache* gestartet wird, holt es sich die darzustellenden Internetseiten genau aus diesem Ordner *Websites*.

*Sie sehen also, dass Ihr Benutzerordner bereits eine gewisse Struktur vorgegeben hat. Die Empfehlung an der Stelle ist, diese Struktur nicht durcheinanderzubringen. Würden Sie beispielsweise den Ordner **Library** umbenennen oder löschen, dann verlieren Sie alle Grundeinstellungen und Konfigurationen Ihrer Programme, vielleicht Ihre E-Mails etc.*

Der Ordner *Musik* enthält Ihre gesamte *iTunes*-Sammlung. Würden Sie den Ordner *Musik* umbenennen, löschen oder darin etwas zerstören, bekommt *iTunes* Probleme. Das bedeutet also für die Datenübernahme, was Sie gleich an verschiedenen Beispielen sehen werden: Es gibt Daten, die auf dem PC schon existieren, die wir ganz gezielt in einen dieser Ordner einbringen werden. Haben Sie auf Ihrem Rechner Ordner, die zum Beispiel *Feuerwehr, Urlaubsimpressionen* heißen, und darin befinden sich Daten, dann können Sie, wenn Sie möchten, diese Ordner *Feuerwehr, Urlaubsimpressionen* eins zu eins rüberkopieren in das Homeverzeichnis am Mac oder aber diese Ordner zum Beispiel auch als Unterordner in den *Dokumente*-Ordner einbringen.

Der Benutzerordner oder das Homeverzeichnis ist Ihr privater Bereich. Das heißt, dort können Sie nach Lust und Laune die gegebene neunfache Ordnerstruktur mit weiteren individuellen Ordnern versehen, um dort Daten abzulegen.

Kapitel 5

Dateiübernahme von Windows zum Mac

Grundsätzlich gilt: Wenn es das Programm mit dem gleichen Namen vom gleichen Hersteller auch für den Apple gibt, dann sollte die Datenübernahme problemlos vonstattengehen. Populärstes und vielleicht interessantestes Beispiel ist *Microsoft Word*. Wenn Sie zum Beispiel ältere *Word*-Versionen verwenden, wird als Dateiformat *.doc* abgespeichert.

Diese *Word*-Dateien können Sie ohne Umschweife auf den Mac kopieren und dort mit *Word* am Mac wieder öffnen. Wenn Sie hingegen Office 2007 oder Office 2010 auf dem Windows-Rechner installiert haben, wird ein anderes Dateiformat verwendet, nämlich *.docx*. Dieses Dateiformat wird ebenfalls vom Mac unterstützt, sie brauchen aber die Version *Microsoft Word 2008* oder *Word 2011* für den Mac, um es öffnen zu können.

> *Die Datenübernahme muss nicht in allen Fällen hundert Prozent identisch sein, denn Sie haben möglicherweise auf Ihrem PC Schriften verwendet, die nunmehr am Mac nicht zur Verfügung stehen.*

> *Doch auch hier gibt es Abhilfe: Fast alle PC-Schriften sind im Regelfall auf dem Mac verwendbar und einsetzbar. Die Schriften am Windows-Rechner finden Sie im Ordner* C:\WINDOWS\Fonts. *Kopieren Sie einfach die benötigten Schriften aus diesem Ordner heraus und legen Sie sie am Mac innerhalb Ihres Homeverzeichnisses in den Unterordner* Fonts *des Ordners* Library. *Wenn Sie nun die Windows-Dokumente auf den Mac transportiert haben, sollte das Dokument quasi zu 100 Prozent identisch auf dem Mac wiedergegeben werden.*

Geringe Abweichungen sind dennoch denkbar und möglich, weil zum Beispiel auf Ihrem Windows-Rechner ein anderer Druckertreiber installiert war als auf dem Mac. Dadurch kann es zu leicht verschiedenen Seitenumbrüchen kommen. Das macht sich aber im Regelfall erst bemerkbar, wenn Sie sehr umfangreiche Dokumente haben. Nachfolgend sehen Sie eine Tabelle mit den wichtigsten Dateiformaten, die es auf beiden Betriebssystemen gibt, und den Hinweis darauf, welche Applikationen Sie am Mac einsetzen können, um diese Dateiformate weiter zu bearbeiten.

Futter – Datenübernahme von bisherigen Systemen

Datei-Erweiterung (Suffix)	Programm für den Apple-Rechner
.doc	**Microsoft Word 2004** oder älter können dieses Dateiformat öffnen und bearbeiten.
.docx	Sie benötigen **Microsoft Word** aus **Office 2008** ober **2011** von Microsoft, TextEdit oder Pages.
.xls	Das sind **Excel**-Dateien und für den Mac gibt es **Microsoft Office 2004** oder ältere Versionen wie **Microsoft Office X**, die **Excel**-Dateien öffnen und bearbeiten können.
.xlsx	Dateiformat von **Microsoft Office 2007 und 2010** am PC, kann mit **Microsoft Office 2008** und **2011** für den Mac mit Excel bearbeitet werden.
.ppt	Das ist eine **PowerPoint**-Datei und kann mit **Microsoft Office 2004** für den Mac oder einer älteren Version verwendet werden.
.pptx	Auch hier benötigen Sie wiederum **Microsoft Office 2008** oder **2011** für den Mac.
	Für alle Office-Dokumente gilt generell mit gewissen Abstrichen, dass diese mit Programmen wie **OpenOffice** und alternativen Office-Applikationen zu öffnen sind. Ebenso kann zum Beispiel das Programm **Pages Word**-Dokumente öffnen oder auch **TextEdit**. **Keynote** kann **PowerPoint**-Dateien weiterverarbeiten. Aber hier werden die Dateiformate konvertiert, so dass die Identität nicht mehr zu 100 Prozent gewährleistet ist.
Microsoft Access-Daten	**Microsoft Access** gibt es nicht für den Mac. Das heißt, diese Daten können Sie als **Access**-Daten nicht übernehmen. Sie könnten aber beispielsweise die Access-Informationen in **.xls**, also in **Excel**-Tabellen, umwandeln, wenn auch mit eingeschränktem Funktionsumfang, aber dennoch weiterverwenden.
.jpg	JPEG-Dateien sind Bilder, die man zum Beispiel im Internet findet. Diese Bilder können mit dem Programm **Vorschau**, das Apple standardmäßig mitliefert, betrachtet werden. Auch geringe Bearbeitungsfunktionen wie Ausschneiden und Freistellen sind mit dem Programm **Vorschau** möglich. Wollen Sie hingegen JPEG-Dateien in andere Dateien umwandeln oder weitergehende Bearbeitungsfunktionen verwenden, so empfehle ich Ihnen von der Website www.lemkesoft.de das Programm **Graphic Converter**. Dieses Programm ist in der Lage, fast alle Bildformate zu öffnen und in andere Dateiformate zu konvertieren (inklusive Bearbeitungsfunktionen). Es ist Shareware, kann aber mit Einschränkungen auch frei genutzt werden.

Kapitel 5

Datei-Erweiterung (Suffix)	Programm für den Apple-Rechner
.gif	Dies ist ein typisches Format aus dem Internet und kann mit **Vorschau** geöffnet und mit einem Programm wie z. B. dem **Graphic Converter** betrachtet und bearbeitet werden.
.png	PNG verhält sich genauso wie JPEG, das heißt: **Vorschau** zum Begutachten, **Graphic Converter** oder natürlich professionelle Programme wie **Photoshop** zur Bearbeitung.
.pdf	Das Programm **Vorschau**, das Apple mitliefert, ist in der Lage, PDF-Dateien zu öffnen, zu drucken, Seiten in der Reihenfolge zu verschieben und PDF-Dateien mit Kennwörtern zu öffnen. Sie können aber auch den **Adobe Reader**, aktuell in der Version 9, aus dem Internet kostenfrei laden und am Mac verwenden.
.psd	Hierbei handelt es sich um eine **Photoshop**-Datei. **Photoshop**-Dateien können am Mac natürlich mit **Photoshop** bearbeitet werden. Hier gilt das Gleiche wie für Microsoft Office: Die Adobe-Software gibt es ebenso für den Mac. Wenn Sie hingegen über kein **Photoshop** verfügen, ist auch hier das Programm **Vorschau** wieder die erste Anlaufstelle. Es kann **Photoshop**-Dateien öffnen, ausdrucken etc.
.ai	Bei AI handelt es sich um **Adobe Illustrator**-Dateien. **Adobe Illustrator**-Dateien können natürlich mit dem Programm **Illustrator** bearbeitet werden und dieses Programm ist selbstverständlich für den Mac verfügbar.
.indd	Hierbei handelt es sich um eine **InDesign**-Datei. **Adobe InDesign** ist selbstverständlich auch für den Mac verfügbar. Achten Sie bitte darauf, dass Sie die gleiche Version von **InDesign** verwenden wie auf dem PC. Also beispielsweise die Version **InDesign CS 4** oder **CS 5**.
.bmp	Das ist ein Bilddateiformat von Windows. Dieses kann ebenfalls mit **Vorschau** betrachtet werden oder zum Beispiel mit **Graphic Converter** oder **Photoshop** weiterbearbeitet werden.
.qxd / .qxp	Dabei handelt es sich um **QuarkXPress**-Dateien. Sie müssen am Mac über die gleiche Version von **QuarkXPress** verfügen, um auch diese Dateien öffnen und bearbeiten zu können.
.txt	Hierbei handelt es sich um reine Textdateien. Es genügt beispielsweise das Programm **TextEdit**, um derartige Dateien öffnen und weiterbearbeiten zu können.

Futter – Datenübernahme von bisherigen Systemen

Datei-Erweiterung (Suffix)	Programm für den Apple-Rechner
.html	HTML-Dateien sind eigentlich Internetseiten. Das heißt, das Programm **Safari** kann diese Internetdateien öffnen und darstellen. Wollen Sie HTML-Dateien bearbeiten, dann reicht bereits **TextEdit**, denn mit **TextEdit** haben Sie einen Texteditor, der HTML-Dateien, also reinen ASCII-Code, bearbeiten kann. Wollen Sie weitergehende Bearbeitungsfunktionen verwenden, dann wäre beispielsweise **Adobe Dreamweaver** zu empfehlen.
.wmv bzw. .wma	Hierfür können Sie über das Internet unter www.flip4mac.com kostenfrei Plug-ins für den Apple QuickTime Player herunterladen und damit diese Dateien auf dem Mac weiter verwenden ;-).
.lnk	Diese Dateiendung steht für Verknüpfungen von Dateien und Ordnern in Windows und wird deswegen vom Mac nicht unterstützt.

Die Tabelle ist natürlich nur ein kleiner Auszug mit den vermutlich wichtigsten und repräsentativsten Dateiformaten, die auf beiden Betriebssystemen zum Einsatz kommen. Keine Frage – es gibt eine Menge weiterer Dateiformate auf beiden Plattformen.

*Eine Empfehlung an der Stelle ist, dass Sie sich, wenn Sie beispielsweise mit Applikationen wie **AutoCAD** arbeiten und es hierfür keine vergleichbare Software am Mac gibt, vor dem Kauf eines Rechners informieren, wie Sie dieses Problem lösen. Denn das **AutoCAD**-Dateiformat kann natürlich von anderen Programmen ausgelesen, aber vermutlich nicht mit allen Funktionen weiterbearbeitet werden. Aber denken Sie daran: Gibt es ein Dateiformat, das Sie in keinster Weise am Mac weiterverwenden können, steht Ihnen quasi als Notlösung am Apple-Rechner immer noch die Option **Boot Camp** oder **VMWare Fusion** bzw. **Parallels Desktop** zur Verfügung. Mit **Boot Camp** installieren Sie auf Ihre Apple-Hardware neben Snow Leopard noch eine Windows-Version und können dann innerhalb Ihrer Windows-Umgebung mit dem gewünschten Programm arbeiten.*

Noch einmal zurück zu der Tabelle: Wie Sie sehen, kann es unter Umständen sein, dass mehrere Programme das gleiche Dateiformat verwenden oder bearbeiten können. Wenn Sie nun auf eine Datei am Snow-Leopard-Betriebssystem doppelklicken, lautet die Frage: Welches Programm wird denn hiermit gestartet?

Kapitel 5

Informationsfenster

> *Die Frage lässt sich relativ einfach beantworten: Klicken Sie die Datei mit cmd + I an, es erscheint das **Informationsfenster**. Da gibt es den Bereich **Öffnen mit**. Hier ist hinterlegt, mit welcher Applikation bei einem Doppelklick diese Datei geöffnet wird. Sie können nun ein anderes Programm auswählen. Wollen Sie, dass dieser Dateityp stets mit einem anderen Programm verwendet wird, dann sollten Sie hernach noch die Eigenschaft **Alle ändern** aktivieren, um diese Dateinamenerweiterung permanent diesem Programm zuzuordnen.*

Zum Beispiel ist die Dateinamenerweiterung .pdf bei Snow Leopard standardmäßig dem Programm *Vorschau* zugeordnet. Wenn Sie nun den *Adobe Reader* installiert haben, kann es sinnvoll sein, den *Reader* zu verwenden. Öffnen Sie mit cmd + I das *Informationsfenster* einer PDF-Datei, wählen den *Adobe Reader* aus und *Alle ändern* an, um diese Änderung für alle PDF-Dateien einzustellen. Sie können aber auch nur diese eine Datei einem neuen Programm zuordnen.

Futter – Datenübernahme von bisherigen Systemen

Alternativ können Sie natürlich wahlweise das Dateiformat mal mit diesem oder mal mit jenem Programm öffnen.

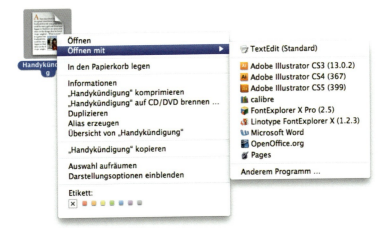

Öffnen mit

Klicken Sie hierzu die Datei mit der rechten Maustaste an und wählen aus dem Eintrag *Öffnen mit* das gewünschte Programm aus. Diese Wahl kann jederzeit wieder neu getroffen werden.

E-Mails und E-Mail-Einstellungen übernehmen

Die Datenübertragung von *Word-*, *Excel-*, *PowerPoint-*Dateien oder Bilddateien wie JPEGs ist eine problemfreie Angelegenheit. Sie stellen die Verbindung über ein Netzwerk her oder kopieren die Daten zunächst auf einen externen Datenträger und dann weiter auf den Mac.

Die Übernahme von E-Mail-Informationen ist leider schwieriger. Warum? Es gibt verschiedene E-Mail-Programme auf beiden Seiten. Unter Windows wird sehr gerne das kostenlose **Windows Live Mail** *verwendet oder, wenn Office installiert wurde, der vollwertige Softwareclient* **Microsoft Outlook***. Darüber hinaus kann es aber auch sein, dass mit kostenloser Software wie* **Thunderbird** *die E-Mails verarbeitet werden.*

Kapitel 5

In diesem Abschnitt versuchen wir nun, aus allen möglichen Mail-Client-Programmen von Windows 7 die Daten auf verschiedene Mail-Client-Programme am Mac zu übertragen. Welche Mail-Programme sind am Mac gängig, beliebt und häufig anzutreffen? Zum einen natürlich wieder das kostenfreie *Thunderbird*, das von der Funktionalität und vom Erscheinungsbild dem *Thunderbird* unter Windows quasi identisch ist, wodurch ein sehr weicher Übergang gelingt.

Sofern Sie *Microsoft Office 2008* haben, wird damit ein Programm namens *Entourage* mitgeliefert, das somit ein Pendant zu *Outlook* ist. Haben Sie Office 2011, dann besitzen Sie auch Outlook. Des Weiteren hat Apple ins Betriebssystem sein eigenes E-Mail-Programm namens *Mail* installiert. Wir werden uns also nun anschauen, wie wir von verschiedenen Quellprogrammen aus dem Windows-Lager die E-Mail-Informationen zum Zielrechner auf den Mac bringen und dort in die richtige E-Mail-Applikation einordnen.

Windows Live Mail

In Windows 7 gibt es das kostenlose Mail-Programm Outlook Express nicht mehr. Es wurde ersetzt durch Windows Live Mail. Und leider gibt es zurzeit (Stand Sommer 2010) keine Möglichkeit, die E-Mail-Kontoeinstellungen von Windows Live Mail auf den Mac zu übertragen. Microsoft verwendet für den Kontoexport aus Windows Live Mail ein Dateiformat, das keines der gängigen Mac-Mailprogramme (Mail, Entourage, Thunderbird) importieren kann.

Die Nachrichten in Windows Live Mail lassen sich aber über einen Umweg auf den Mac übertragen. Dazu benötigen Sie zusätzlich auf dem PC Outlook oder Outlook Express. In Windows Live Mail wählen Sie aus dem Menü *Datei –> Exportieren –> Nachrichten*. Dann markieren Sie die Option *Microsoft Exchange* und klicken auf *Weiter*. Jetzt werden die Nachrichten automatisch an Outlook bzw. Outlook Express übertragen. Von dort aus können nun die Nachrichten auf den Mac übertragen werden (siehe folgenden Abschnitt).

Futter – Datenübernahme von bisherigen Systemen

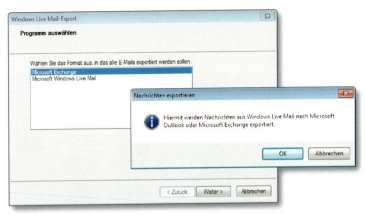

Nachrichten von Windows Live Mail zu Outlook übertragen.

Auch die Kontakte, die in Windows Live Mail erstellt bzw. gesichert sind, lassen sich auf den Mac übertragen. Dazu öffnen Sie in Windows Live Mail die Kontakte und wählen aus dem Menü *Datei* die Funktion *Exportieren –> Visitenkarte (.VCF)*. Jeder Kontakt wird damit als eigene VCF-Datei exportiert und das Apple Adressbuch, Microsoft Entourage bzw. Outlook können dieses Dateiformat ohne Probleme importieren.

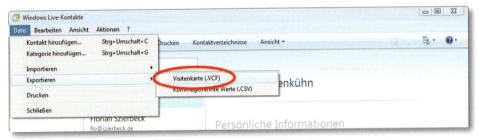

Kontakte von Windows Live Mail als Visitenkarten exportieren

Nachdem Sie einen Speicherort für die exportierten Daten gewählt haben, z. B. einen USB-Stick oder einen Netzordner, starten Sie am Mac das Programm *Adressbuch*. Dort brauchen Sie jetzt nur noch die exportierten Visitenkarten von Windows Live Mail per Drag-and-Drop in das Adressbuchfenster ziehen. Zum schnellen Auswählen aller Visitenkarten müssen Sie nur die Tastenkombination *cmd + A* drücken (alles auswählen). Mit der gleichen Vorgehensweise können Sie die Visitenkarten auch in Microsoft Entourage bzw. Outlook importieren.

Kapitel 5

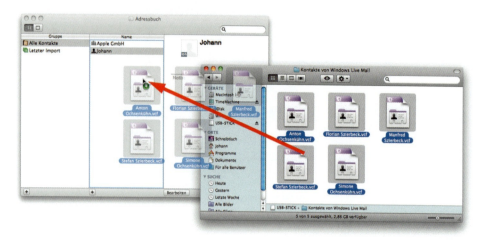

Die Kontakte werden per Drag-and-Drop ins Apple Adressbuch hinzugefügt.

Von Outlook über Thunderbird am PC zu Thunderbird am Mac

Futter – Datenübernahme von bisherigen Systemen

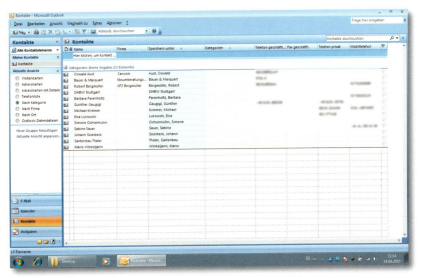

Outlook PC

Hier sehen Sie zwei Bildschirmfotos, wie Outlook am PC aktuell konfiguriert ist. Das heißt, wir sehen den Posteingangsordner mit E-Mails. Es handelt sich hierbei um einen Mail-Account, der bei GMX angemeldet ist. Daneben ist das Adressbuch, es wird aktuell in Outlook verwendet. Zuallererst sollten diese Daten nun zu *Thunderbird* übernommen werden. Sofern Sie *Thunderbird* auf dem PC noch nicht haben, können Sie dies kostenlos aus dem Internet herunterladen.

*Installieren Sie **Thunderbird**, das Sie kostenlos über das Internet beziehen können, und starten anschließend das Programm. Aktivieren Sie hernach über den Menüpunkt **Extras –> Importieren** die Funktionalität von **Thunderbird**, auf **Outlook**- oder auch **Outlook Express**-Informationen zugreifen zu können.*

195

Kapitel 5

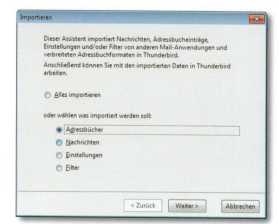

Thunderbird-Import am PC

Zunächst wollen wir die Adressbuchinformationen importieren. Klicken Sie dies an, um mit *Weiter* in den nächsten Dialog zu gelangen.

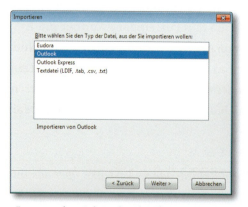

Import der Adressbuchinformationen

Wie Sie sehen, können Sie dort zum Beispiel *Outlook* oder auch *Outlook Express* als Importquelle verwenden. Wir entscheiden uns für *Outlook* und mit dem Button *Weiter* werden nun schon die Adressinformationen importiert. Falls alles geklappt hat, sollte hernach noch eine Bestätigungsseite kommen. Mit *Fertig stellen* schließen Sie diesen Vorgang ab.

Um zu überprüfen, ob alle Informationen angekommen sind, können Sie jetzt in *Thunderbird* im Menüpunkt *Extras* das *Adressbuch* aufrufen. Alternativ verwenden Sie die Tastenkombination *Strg + F2*. Und siehe da: Die Adressbuchinformationen wurden erfolgreich übertragen.

Futter – Datenübernahme von bisherigen Systemen

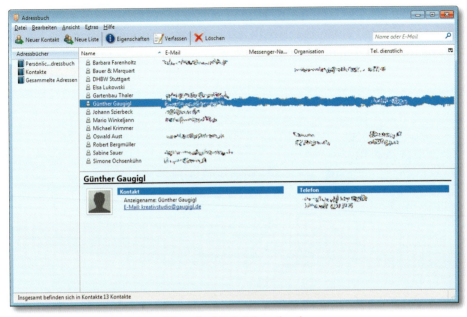

Thunderbird-Adressbuch

Na, das ging ja prima! Dann würde ich sagen, fahren wir gleich mit dem zweiten Schritt fort und importieren uns die Nachrichteninformationen. Wählen Sie in *Thunderbird* unter *Extras –> Importieren* nun den Eintrag *Nachrichten*. Entscheiden Sie sich erneut für *Outlook* und schon beginnt *Thunderbird*, die Mailbox-Informationen von *Outlook* nach *Thunderbird* zu transferieren. Eine Bestätigungsseite gibt Aufschluss darüber, wie viele E-Mails erfolgreich importiert wurden und ob es an irgendeiner Stelle zu Problemen gekommen ist.

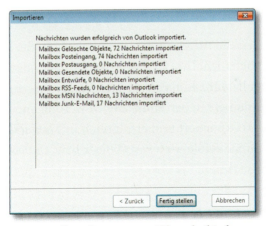

Mailbox-Import von Thunderbird

Kapitel 5

Quittieren Sie dies erneut mit *Fertig stellen* und Sie müssten sogleich in *Thunderbird* im linken Fensterbereich die E-Mail-Informationen sehen, die Sie von *Outlook* importiert haben.

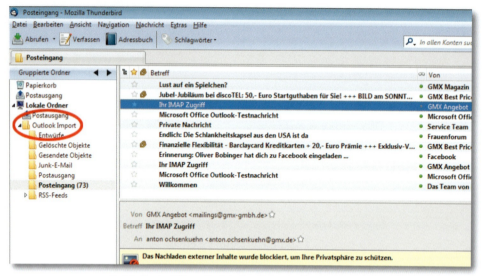

E-Mails in Thunderbird erfolgreich importiert

Das klappt ja alles wunderbar! Dieselbe Vorgehensweise gilt für Anwender, die *Outlook Express* verwenden.

> *Und zu guter Letzt sollten Sie die* **Import**-*Funktionalität ein drittes Mal durchführen und diesmal die Einstellungen wählen.*

Warum? Sie haben die Adressinformationen geholt, Sie haben die E-Mails übertragen, aber noch nicht Ihre E-Mail-Einstellungen, also wie der POP- oder IMAP-Server heißt, wie Ihr Kontoname lautet oder welche Sicherheitseinstellungen Sie verwenden etc. Über *Einstellungen* werden auch diese aus *Outlook* oder *Outlook Express* exportiert und erfolgreich in *Thunderbird* integriert.

Fertig, damit sind Sie erfolgreich von *Outlook* bzw. *Outlook Express* auf *Thunderbird* am PC umgestiegen.

Futter – Datenübernahme von bisherigen Systemen

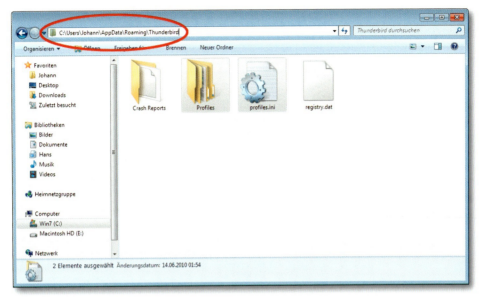

Ordner von Thunderbird

Doch das ist erst die Hälfte des Weges. Denn nun sind zwar alle Informationen korrekt in *Thunderbird* am Windows-Rechner integriert, doch wir wollen diese zum Mac übertragen.

Die Einstellungen und E-Mails von Thunderbird finden Sie auf der Festplatte unter *C:\Users\<Ihr Benutzername>\AppData\Roaming*. Dort gibt es einen Ordner *Thunderbird*. Der Ordner *AppData* ist leider unsichtbar, weswegen Sie Folgendes tun müssen, um ihn sichtbar zu machen.

---

*Öffnen Sie via **Systemsteuerung –> Ordneroptionen** im Register **Ansicht** den Bereich **Versteckte Dateien und Ordner** und aktivieren Sie die Funktion **Ausgeblendete Dateien, Ordner und Laufwerke anzeigen**. Quittieren Sie dies mit **OK**. Nun müsste der Ordner **AppData** zum Vorschein kommen. Sie finden darin einen Ordner für **Thunderbird** unter **AppData/Roaming**. Kopieren Sie diesen auf Ihren Mac über einen Datenträger oder über eine Netzwerkverbindung.*

Die Daten sind am Mac in Ihren *Benutzerordner* einzubringen. Navigieren Sie also mit der Tastenkombination *cmd + ⇧ + H* in Ihr *Homeverzeichnis*, öffnen Sie dort den *Library*-Ordner und kopieren den Ordner *Thunderbird* da hinein.

199

Kapitel 5

> Sollte es bereits einen alten **Thunderbird**-Ordner geben, können Sie diesen ersetzen bzw. den alten vorher in den Papierkorb befördern.

Ablagestruktur von Thunderbird

Wenn Sie danach *Thunderbird* starten, werden Sie erkennen, dass sowohl die E-Mails enthalten sind, die Sie vom PC übertragen haben, als auch unter *Fenster –> Adressbuch* die Adressbucheinträge. Zu guter Letzt können Sie im Menüpunkt *Extras* Ihre Konteneinstellung nachverfolgen. Perfekt!

Das Adressbuch von Thunderbird am Mac

Futter – Datenübernahme von bisherigen Systemen

Noch einmal zusammengefasst: Sie erhalten so eine sehr einfache Möglichkeit, von *Outlook* oder *Outlook Express* oder *Thunderbird* am PC die Daten zu *Thunderbird* am Mac zu bringen. Neben den Adressbuchinformationen und den E-Mails werden übrigens auch Dateianhänge und wie gesehen die Kontoinformationen importiert.

*Was nicht in jedem Fall funktionieren muss, ist die Übernahme von Regeln, die Sie zum Beispiel in **Outlook** erstellt haben, so dass E-Mails mit bestimmten Kriterien auch bestimmte Funktionen auslösen. Das kann ab und an funktionieren, ich würde Ihnen an der Stelle aber empfehlen, am Ziel, also am Mac-**Thunderbird**, noch einmal zu kontrollieren, ob diese Regel- oder Filterfunktionen vernünftig übernommen werden konnten. Falls nicht, bleibt leider keine andere Möglichkeit, als diese Dinge noch einmal neu zu definieren.*

Von Thunderbird am Mac zu Mail am Mac

Sollte nun aber *Thunderbird* am Mac nicht Ihr favorisiertes E-Mail-Programm sein, sondern Sie wollen das Programm *Mail* von Apple verwenden, dann können Sie die Daten von *Thunderbird* zu *Mail* übertragen.

Mail importiert Thunderbird-Informationen.

Starten Sie das Programm *Mail*, das Sie am Mac im *Programme*-Ordner finden, und wählen Sie dort den Menüpunkt *Ablage –> Postfächer hinzufügen*.

Wählen Sie nun im Importdialog *Thunderbird* aus und klicken Sie auf *Fortfahren*. Mail möchte nun wissen, wo sich Ihre E-Mails befinden. Navigieren Sie in Ihr *Homeverzeichnis*, dort in *Library* und hier wiederum in den Unterordner *Thunderbird* und Sie finden im Ordner *Profiles* einen Eintrag <*Ihr Kurzname*>\ *Default*. Diesen klicken Sie an und wählen ihn aus.

Import der E-Mails

In wenigen Sekunden erscheinen die importierten E-Mails innerhalb von *Mail*, und zwar eingeordnet in den Ordner *Lokal importiert*. Sie finden hier sicher den Posteingang, in dem die eingeladenen E-Mails auftauchen. Was jetzt noch fehlt, sind die Adressbuchinformationen. Navigieren Sie zurück, starten Sie *Thunderbird* und holen Sie sich über den Menüpunkt *Fenster* die *Adressbuchinformationen* nach vorne. Wählen Sie dort im Menüpunkt *Extras* den *Export*.

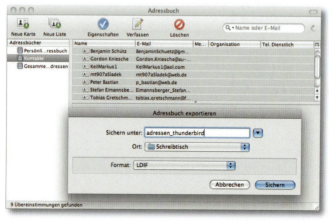

Adressenexport in Thunderbird

Futter – Datenübernahme von bisherigen Systemen

Am besten markieren Sie dazu alle Kontaktinformationen und geben als Speicherformat *.ldif* an. Sichern Sie die Adressbuchinformationen von *Thunderbird* zum Beispiel auf dem Schreibtisch. Wechseln Sie nun hinüber zum *Adressbuch*.

Ein weiteres sehr gängiges Format für Adressbuchdaten ist das vCard-Format.

Das Adressbuch kann ebenso vCard-Daten importieren.

Stammen die Daten von einem PC, so sollten Sie in den Adressbuch-Einstellungen (*Adressbuch –> Einstellungen*) bei der Codierung auf *Westeuropäisch (Windows Latin 1)* umstellen und eventuell das Format von der 3.0 Version auf die 2.1 wechseln.

Das Programm **Adressbuch** *ist ein Zusatzprogramm, denn* **Mail** *kann nur E-Mails verwalten und managen; Adressbuchinformationen werden in dem dazugehörigen Programm namens* **Adressbuch** *gespeichert. Starten Sie das Programm* **Adressbuch**, *das Sie im* **Programme**-*Ordner finden, und gehen Sie dort den umgekehrten Weg:* **Ablage –> Importieren** *wählen und die Datei selektieren, die Sie auf dem Schreibtisch abgelegt haben.*

Kapitel 5

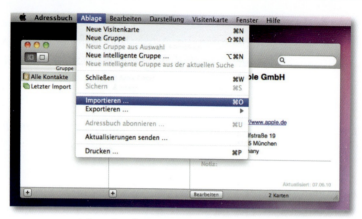

Adressbuch importiert die .ldif-Datei.

Daraufhin erscheint eine Meldung, in der die Anzahl der zu importierenden Visitenkarten respektive Adressinformationen dargestellt wird. Klicken Sie auf *Hinzufügen*, um die Adressen in das Programm *Adressbuch* einzubinden.

Von nun an können Sie also mit *Mail* die hinterlegten Adressen, die hoffentlich auch E-Mail-Adressen enthalten, verwenden, um schnell und einfach, ohne sich die E-Mail-Adresse gemerkt zu haben, E-Mails an die betreffenden Personen zu versenden.

*Einziger Wermutstropfen: Im Programm **Mail** müssen Sie Ihr E-Mail-Konto noch einmal spezifizieren. Die Datenübernahme von **Thunderbird** funktioniert an der Stelle nicht. Gehen Sie also nun zu guter Letzt noch einmal zurück zu **Mail** und wählen Sie den Eintrag **Ablage –> Account hinzufügen**, um Ihr E-Mail-Konto noch einmal einzurichten.*

Neuen E-Mail-Account erstellen

Futter – Datenübernahme von bisherigen Systemen

Aber Apples *Mail* ist ein ziemlich cleveres Programm! Haben Sie zum Beispiel eine Standard-E-Mail-Adresse wie GMX oder GoogleMail oder dergleichen, dann holt sich Mail die Eingabe der ganzen Peripherdaten wie POP- und IMAP- und SMTP-Informationen automatisch. *Mail* kennt derartige Informationen und wenn Sie eine E-Mail-Adresse haben, werden quasi alle Einstellungen bis auf Ihr Kennwort automatisch für Sie vorgenommen. Das Programm kann sogar Mailaccounts, die mit Microsoft Exchange arbeiten, verwalten.

> Möchten Sie die Daten von Thunderbird am PC direkt zu Mail am Mac übertragen, so könnten Sie dies über die Thunderbird-Erweiterung **ImportExportTools** erledigen. Sie finden das Werkzeug im Internet unter http://www.erweiterungen.de/detail/ImportExportTools/. Damit werden die E-Mail-Daten direkt aus Thunderbird am PC exportiert und können somit ohne den Umweg über Thunderbird Mac direkt in Mail eingeladen werden.

Von Thunderbird über Mail nach Entourage oder Outlook am Mac

Soll weder *Thunderbird* noch Apples *Mail*-Programm als E-Mail-Client am Mac verwendet werden, dann steht auch *Microsoft Entourage* zur Verfügung. *Microsoft Entourage* ist integraler Bestandteil von *Microsoft Office 2004* und *2008* und *Microsoft Outlook* von *Office 2011*. *Microsoft Entourage* oder *Outlook* können die Informationen des Programms *Mail* importieren. Dabei sieht die Schrittfolge wie folgt aus:

Mails in die Standardordner bewegen

Kapitel 5

> *Die importierten E-Mails aus* **Thunderbird** *finden Sie ja in dem Unterordner* **Importiert** *im Posteingang, in* **Gesendet** *etc. und in eigenen individuellen Postfächern. Holen Sie diese E-Mails bitte in die Standardpostfächer des* **Mail**-*Programms, also in die Postfächer* **Posteingang, Gesendet** *etc.*

Hernach können Sie das Programm *Mail* beenden. Starten Sie nun das Programm *Microsoft Entourage* bzw. *Outlook*. Ist *Entourage* bzw. *Outlook* gestartet, wählen Sie den Menüpunkt *Datei –> Importieren* und entscheiden sich für *Daten aus einem anderen Programm importieren*. Mit dem kleinen Pfeil rechts unten kommen Sie zum zweiten Fenster und geben an, dass Sie das Programm *Apple Mail* als Importquelle verwenden möchten. Im dritten Fenster schlussendlich geben Sie noch an, dass Sie aus dem Programm *Mail* sowohl die Nachrichten als auch die Kontoinformationen sowie Regeln und Signaturen übernehmen möchten.

Import der Mail-Informationen

Hernach erfolgt der Import und mit einem abschließenden *Fertigstellen* sollten alle Informationen aus *Mail* nun in *Microsoft Entourage* bzw. *Outlook* eingeladen worden sein.

Futter – Datenübernahme von bisherigen Systemen

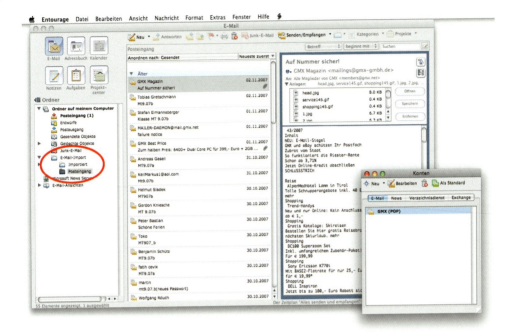

Import war erfolgreich

Wie Sie sehen, werden auch hier die importierten E-Mails in einen extra Ordner innerhalb der Ordnerstruktur von *Microsoft Entourage* bzw. *Outlook* eingebaut. Wenn Sie den Menüpunkt *Extras –>Konten* wählen, sehen Sie, dass auch die Kontoinformationen erfolgreich von *Mail* nach *Entourage* bzw. *Outlook* übertragen wurden. Es fehlen noch die Adressinformationen. *Entourage* und *Outlook* arbeiten wie *Thunderbird*, das heißt *Entourage* bzw. *Outlook* können neben den E-Mails und den Konten auch die Adressinformationen der beteiligten E-Mail-Partner speichern – eine Aufgabe, die Apple ins Programm *Adressbuch* ausgelagert hat. Das heißt: Wir haben jetzt die Notwendigkeit, die Adressbuchinformationen noch in *Entourage* bzw. *Outlook* zu übertragen.

Kapitel 5

Adressbuch-Export

Am besten erstellen Sie auf dem Schreibtisch einen Ordner, in diesem Fall habe ich ihn *Adressen* genannt. Dann markieren Sie alle Adressen bzw. Visitenkarten innerhalb des *Adressbuchs*, die Sie nach *Entourage* weiterreichen wollen.

In meinem Falle sollen es alle Adressen sein, deshalb habe ich mit *cmd + A* alle diesbezüglichen Informationen markiert. Ziehen Sie nun per Drag & Drop diese Markierung in den *Adressen*-Ordner. Es entsteht eine Datei, in meinem Fall heißt diese *Adressen von Mail*. Das heißt, ich habe 48 Visitenkarten in einer Datei fixiert. Diese Datei, die die Visitenkarten und Adressinformationen enthält, können Sie nun wiederum per Drag & Drop in die Adressbuchinformationen von *Entourage* ziehen.

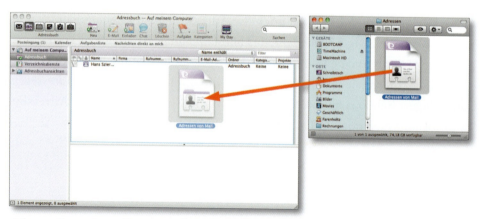

Adressenimport von Entourage bzw. in das Kontaktefenster von Outlook 2011 ziehen

So einfach ist also die Übernahme der Informationen des Programms *Mail* zu dem Programm *Entourage* (im Beispiel gezeigt mit der Version 2008).

Futter – Datenübernahme von bisherigen Systemen

Favoriten oder Lesezeichen übernehmen

Von Firefox zu Firefox

Angenommen, Sie haben am PC bereits *Mozilla Firefox* verwendet und wollen dies am Mac genauso tun. Dann ist die Übernahme der Lesezeichen bzw. Bookmarks bzw. Favoriten eine sehr einfache Geschichte. Wenn Sie *Firefox* gestartet haben, wählen Sie im Menüpunkt *Lesezeichen* den Eintrag *Lesezeichen verwalten*. Darin finden Sie unter *Importieren und Sichern* die Funktion *HTML sichern*.

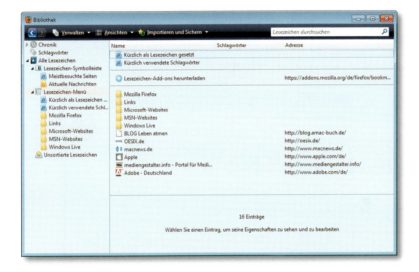

Lesezeichen-Manager mit Lesezeichenimport am Mac

209

Auf der anderen Seite starten Sie ebenfalls *Firefox* und wählen erneut über *Lesezeichen* die Funktion *Lesezeichen verwalten* aus, in dem Sie nunmehr in der Symbolleiste das Menü *Importiern und Sichern* öffnen und die *Importieren*-Funktionalität auswählen. Dort klicken Sie den Eintrag *HTML importieren* an.

Mit *Fortsetzen* werden Sie gefragt, wo die Datei zu finden ist. Wählen Sie die vorher exportierte Bookmark-Datei aus. Und fertig! Schon sind alle Lesezeichen, die Sie in *Firefox* am PC erstellt haben, auch in *Firefox* am Mac verfügbar.

Vom Internet Explorer zu Firefox

Dabei bieten sich zwei gangbare Wege an: Weg Nummer eins ist, den Umweg über *Firefox* zu gehen. Und zwar am PC. Das heißt, man startet am PC *Firefox*, holt sich den *Lesezeichen-Manager* und wählt dort wiederum *Importieren und Sichern* aus.

Lesezeichen von IE an Firefox für PC

Man kann so die Lesezeichen vom *Microsoft Internet Explorer* importieren. Und von da an ist der Weg wieder bekannt: Von *Firefox* PC geht der Weg zu *Firefox* am Mac und die Einstellungen sind übernommen.

Lesezeichen vom Internet Explorer am PC zu Safari am Mac

Safari ist der Standardbrowser, den Apple bei Snow Leopard mitliefert. Deswegen kann es durchaus sinnvoll sein, die Lesezeichen des *Internet Explorers* zu *Safari* zu übernehmen. Zunächst müssen die Lesezeichen aus dem Internet Explorer exportiert werden. Dafür sind einige Arbeitsschritte nötig.

Futter – Datenübernahme von bisherigen Systemen

Starten Sie den Internet Explorer und öffnen die *Favoriten*. Dort klappen Sie das Menü *Zu Favoriten hinzufügen* auf und wählen die Option *Importieren und Exportieren*.

Favoriten aus Internet Explorer exportieren

Im nächsten Schritt wählen Sie die Funktion *In Datei exportieren*. Damit werden die Lesezeichen als HTML-Datei gespeichert. Im nächsten Fenster müssen Sie auswählen, welche Dinge exportiert werden sollen. Wählen Sie die Option *Favoriten* und klicken dann auf die Schaltfläche *Weiter*.

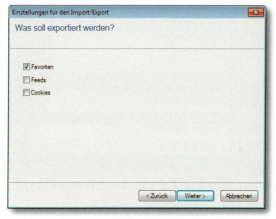

Was soll exportiert werden?

Im darauffolgenden Fenster müssen Sie den Favoriten-Ordner wählen, der exportiert werden soll.

Kapitel 5

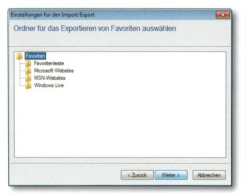 

Im letzten Arbeitsschritt müssen Sie noch den Speicherort der exportierten Lesezeichen bestimmen. Sie können die Lesezeichen auf einen USB-Stick speichern und dann auf den Mac übertragen oder Sie verwenden eine Netzwerkverbindung wie im Sceenshot zu sehen.

Die nächsten Arbeitsschritte finden nun in Safari am Mac statt. Starten Sie den Apple-Browser und wählen Sie *Lesezeichen importieren* aus dem Menü *Ablage*.

Lesezeichen werden in Safari importiert.

Im Öffnen-Dialog wählen Sie dann die Lesezeichen-Datei vom Internet Explorer aus. Die Lesezeichen werden in Safari in einen eigenen Lesezeichen-Ordner importiert, der mit dem aktuellen Datum versehen ist. Von dort aus können Sie die Lesezeichen verwenden oder in andere Ordner einsortieren.

Futter – Datenübernahme von bisherigen Systemen

Die importierten Lesezeichen liegen in einem eigenen Ordner.

Wollen Sie auch die Lesezeichen aus *Safari* in *Firefox* übernehmen, so können Sie in *Firefox* mit *Datei –> Importieren* auf die *Safari*-Lesezeichen zugreifen.

Firefox kann wiederum Safari-Lesezeichen importieren.

Kalenderdaten aus Outlook zu iCal auf dem Mac übertragen

Das Programm *Outlook* ist in der Lage, Kalenderinformationen zu verwalten und zu managen. Diese Kalenderinformationen können ebenfalls auf den Mac übertragen werden. Wählen Sie zu diesem Zweck im Menüpunkt *Datei* den Eintrag *Importieren/Exportieren* bei gestartetem *Microsoft Outlook* und wählen Sie dann die Eigenschaft *In Datei exportieren*.

Kapitel 5

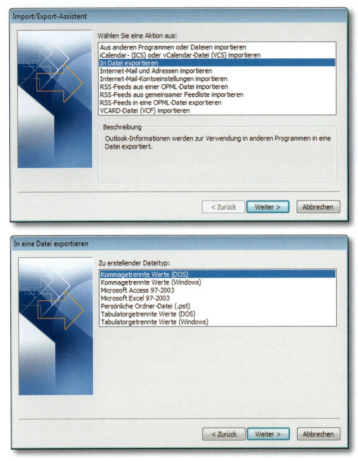

Exportieren in Datei und Angabe des korrekten Formats

Als nächsten Schritt nach *Weiter* verwenden Sie das Format *Kommagetrennte Werte (DOS)*. Klicken Sie erneut auf *Weiter*, um zu definieren, was exportiert werden soll. In unserem Fall wollen wir uns mit dem Kalender beschäftigen, also wählen Sie den *Kalender*, erneut *Weiter* und geben hernach an, wohin die Exportdatei geladen werden soll.

> Übertragen Sie diese Datei nun auf den Mac. Sie benötigen als Hilfsmittel im einfachsten Fall einen kostenfreien Google-Account. Denn in Google gibt es eine Kalenderfunktion, die diese Konvertierung für uns vornehmen kann. Loggen Sie sich also mit Ihrem Account bei Google ein und wählen Sie unter dem Eintrag **Mehr** die Eigenschaft **Kalender** aus.

Futter – Datenübernahme von bisherigen Systemen

Google-Kalender

Haben Sie noch nie einen Kalender bei Google erstellt, werden Sie einige grundsätzliche Daten eingeben müssen. Mit Klick auf *Weiter* gelangen Sie in Ihre *Kalenderdarstellung*. Hier finden Sie auf der linken Seite unterhalb des Monats den Eintrag *Hinzufügen* und dort die Funktion *Kalender importieren*.

Kapitel 5

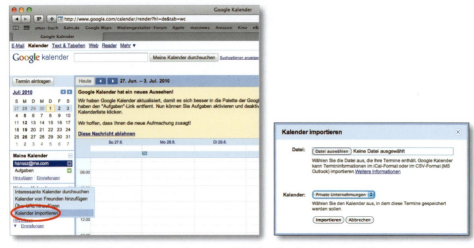

Kalender importieren und Kalenderdatei auswählen

Sogleich gelangen Sie in einen Dialog, wo Sie spezifizieren müssen, welche Datei Sie einladen wollen. Im zweiten Schritt will der Google-Kalender wissen, aus welchen Ihrer Kalenderdaten Informationen importiert werden sollen. Wählen Sie dort einen Kalender mit *Importieren* aus und die Applikation Google lädt jetzt die vorhin exportierten Informationen in ihren Kalender.

Klicken Sie nun im linken Bereich auf *Einstellungen* und einmal auf den Kalender, der die importierten Daten enthält. Es erscheint ein neues Fenster, in dem Sie weiter unten bei *Kalenderadresse* den Eintrag *iCal* sehen.

iCal-Button

Klicken Sie sodann auf den Button *iCal* links neben *Privatadresse* und es erscheint eine URL, also eine Internetadresse. Klicken Sie die Internetadresse einmal an und sofort startet *iCal* und möchte diese Kalenderinformationen in einen Kalender Ihrer Wahl importieren. Damit haben Sie es geschafft!

216

Futter – Datenübernahme von bisherigen Systemen

Termine in iCal anlegen

Wenn Sie den Weg über Google scheuen, gibt es eine simple Möglichkeit durch ein Freeware-Programm namens **iappoint** für Windows, das Sie bequem aus dem Internet herunterladen können. Sie starten nach erfolgreicher Installation die Applikation und grenzen ein, welche Datumswerte Sie exportieren möchten, führen die **Export**-Funktion aus und erhalten, wenn Sie es nicht anders konfigurieren, auf Ihrer Festplatte C: einen Ordner namens **Kalender**. Darin ist der exportierte Kalender enthalten, den Sie direkt in **iCal** auf dem Mac importieren können.

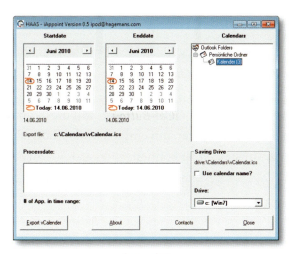

iappoint

Kapitel 5

Termine von Outlook zu Entourage am Mac übernehmen

Das Programm *Microsoft Entourage* kann nicht nur mit E-Mails und Adressinformationen umgehen, sondern es ist auch in der Lage, Kalenderinformationen, aber auch Notizen, Aufgaben und komplette Projektkonzepte zu verwalten. Wie kann man seine Termine von *Outlook* zu *Entourage* am Mac übertragen?

> An der Stelle empfehle ich ein kleines Hilfsprogramm, das aktuell 10 US-$ kostet und nicht nur die Termine, sondern auch Kalender- und E-Mail-Informationen übertragen kann. Das Programm heißt in abgekürzter Version **O2M** und stammt vom Hersteller **Little Machines**.

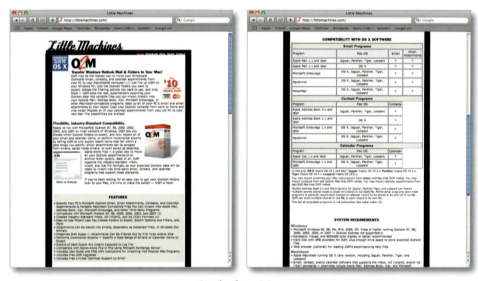

Outlook to Mac

Die Abkürzung *O2M* steht für *Outlook to Mac*. Mit dieser 10-Dollar-Software haben Sie den perfekten Begleiter, um einfach und reibungslos von *Outlook* zu *Microsoft Entourage* umsteigen zu können.

Futter – Datenübernahme von bisherigen Systemen

Termine von Entourage und iCal synchronisieren

Da Entourage nicht nur ein E-Mail-Client ist, sondern auch noch Kalenderdaten verwalten kann, gibt es auch die Möglichkeit, die Kalenderdaten von iCal mit Entourage zu synchronisieren. Dazu müssen Sie in Entourage die *Einstellungen* (*Menü Entourage –> Einstellungen*) öffnen. Im Bereich *Sync.dienste* finden Sie die Einstellung zur Synchronisation mit iCal. Aktivieren Sie die Option *Ereignisse und Aufgaben mit iCal und MobileMe synchronisieren*.

Entourage und iCal synchronisieren

Im Anschluss müssen Sie nur noch bestimmen, wie die Kalenderdaten synchronisiert werden sollen. Sie können die Daten entweder zusammenführen oder nur die Entourage- bzw. iCal-Daten übernehmen.

Kapitel 5

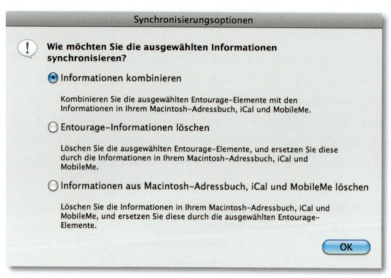

Wie soll synchronisiert werden?

Der einfache Weg: Von Outlook PC zu Outlook 2011 für den Mac

Seit dem Herbst 2010 gibt es für den Mac das kostenpflichtige Outlook 2011 für den Mac. Diese Software ist Bestandteil von Office 2011 für den Mac. Darin sind neben neuen Versionen von Word, Excel und Powerpoint auch Outlook:mac 2011 sowie der Messenger und der Communicator enthalten.

Haben Sie nun alle Ihre Daten in Outlook 2003, 2007 oder 2010, dann ist die Übertragung zum Mac sehr einfach.

1. Wählen Sie am PC in Outlook den Menüpunkt *Datei –> Importieren –>Exportieren* und wählen nun den Eintrag *In Datei exportieren* und hernach das Format *Persönliche Ordner-Datei (.pst)* aus.

Futter – Datenübernahme von bisherigen Systemen

Outlook am PC exportiert seine Daten als .pst-Datei.

2. Wählen Sie im nächsten Schritt aus, welche Ordner in den Export übernommen werden sollen.

Ordner und Unterordner für den Export definieren

Kapitel 5

3. Nun geben Sie noch den Ablageort der Export-Datei an. Wenn Sie möchten, können Sie zudem ein Kennwort vergeben.

Ablageort der Export-Datei mit optionalem Kennwort

4. Diese .pst-Datei sollten Sie nun auf Ihren Mac übertragen und anschließend Microsoft Outlook:mac 2011 starten.
5. Wählen Sie dort den Menüpunkt *Datei –> Importieren* aus. Als Dateiformat ist nun *.pst* zu verwenden und die zu importierende Datei auszuwählen.

Futter – Datenübernahme von bisherigen Systemen

Damit haben Sie nun alle E-Mails, Kontakte und Kalenderinformationen schnell und kompakt vom PC auf den Mac übertragen. Sie finden nun in diesen drei Bereichen die importierten Informationen in separaten Ordnern vor.

> *Lediglich die Kontoeinstellungen müssen nochmals am Mac eingetragen werden. Dazu wählen Sie unter Outlook:mac 2011 den Menüpunkt* **Outlook –> Einstellungen –> Konten** *aus.*

Techhit Messagesave

Für knapp 50 Dollar gibt es von der Firma Techhit (www.techhit.com) die einfach zu bedienende Software MessageSave. Mit Hilfe dessen gelingt der Export von E-Mail-Nachrichten, Kalenderinformationen und auch Kontaktdaten auf Anhieb. Diese Software ist muss auf dem PC installiert werden und von dort aus sind die Daten zu exportieren, die dann wiederum am Mac z. B. in Mail oder auch in Entourage importiert werden können.

Kapitel 5

MessageSave ist eine perfekte Lösung, um Outlook-Daten weiterzuverwenden.

iTunes goes Mac

Jetzt wird's einfach! Wenn Sie *iTunes* am PC verwenden, ist die Datenübernahme auf den Mac furchterregend simpel. Sie müssen nur herausfinden, wo Ihre ganze Musiksammlung auf dem PC abgelegt ist. Dazu sollten Sie auf Ihrer Festplatte im Benutzerordner nachsehen.

Innerhalb des Benutzerordners gibt es den Unterordner *Eigene Musik*. Und hier finden Sie einen Ordner namens *iTunes*. Der enthält alle Einstellungen, alle Konfigurationen, alles, was Sie in iTunes am PC definiert haben.

Futter – Datenübernahme von bisherigen Systemen

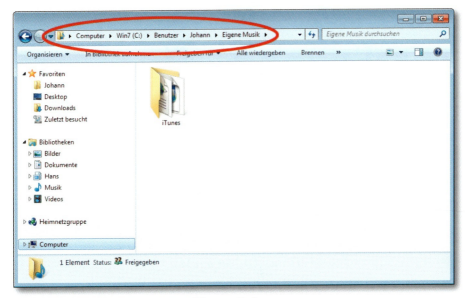

iTunes-Ordner

> *Dieser Ordner kann natürlich aufgrund Ihrer umfangreichen Musiksammlung ziemlich groß sein. Deshalb kann es über das Netzwerk auch einige Zeit dauern, bis dieser Ordner übertragen ist. Besser und schneller ist natürlich hier ein externer Datenträger, der die zwanzig, dreißig, vierzig, fünfzig, ja vielleicht sogar hundert Gigabyte große Musiksammlung in Empfang nehmen kann.*

Wo ist diese am Mac wieder einzubauen? Ganz einfach!

Jeder Benutzer hat, wenn er am Mac über einen Benutzeraccount verfügt, ein *Homeverzeichnis*. Darin gibt es den Ordner *Musik* und dort wiederum den Unterordner *iTunes*. Oder anders formuliert: Der Ordner *iTunes*, der in diesem *Musik*-Ordner enthalten ist, erfüllt dieselbe Funktion wie der gleichnamige Ordner in *Eigene Musik* am PC. Das heißt: Kopieren Sie also jetzt – am besten von Ihrem externen Datenträger – den kompletten Ordner *iTunes* in den Unterordner *Musik*.

225

Kapitel 5

iTunes-Ordner am Mac

> Haben Sie am PC Ihre Musiksammlung nicht mit **iTunes** verwaltet, sondern Ihre Musikstücke in irgendwelche Ordner sowie Unterordner aufgeteilt und Ihre eigene, im Prinzip manuelle Verwaltung gebaut, dann ist die Datenübernahme natürlich mit etwas mehr Arbeit verbunden. Sie müssen zuerst den Ordner mit diesen Musikstücken zum Mac rüberkopieren und dann in **iTunes** vernünftig einsortieren.

Wie das gelingt, schauen wir uns am besten mal am nächsten Beispiel an, nämlich der Übernahme von Bildinformationen von Ihrem PC auf den Mac.

Bilddaten vom PC auf den Mac übernehmen

Bildinformationen können, genauso wie die vorhin schon erwähnten Musikdateien, natürlich über Ihren ganzen Rechner verteilt sein. Sofern Sie kein spezielles Verwaltungsprogramm verwendet haben, um Ihre Bildersammlung zu managen, haben Sie vermutlich Ordner und Unterordner, in denen Ihre gesamten digitalen Fotos abgelegt sind. Auf dem Mac gibt es ein Spezialprogramm, das sich um Ihre digitalen Bilder kümmern kann. Dieses Programm heißt *iPhoto*.

Futter – Datenübernahme von bisherigen Systemen

> *iPhoto* funktioniert von der Idee her genauso wie **iTunes**. Das heißt, in **iTunes** haben Sie **Wiedergabelisten**, die Titel enthalten – in **iPhoto** dagegen **Alben**, die Ihre Fotos beinhalten.

Wir schauen uns mal an, wie wir manuell Bilder vom PC in *iPhoto* laden können.

Bilder in iPhoto

Die einfachste Möglichkeit ist, dass Sie den Ordner, in dem Sie Bilder zu einem Thema zusammengefasst haben, per Drag & Drop in die linke Spalte des *iPhoto*-Fensters unterhalb von *Alben* ziehen. Schon beginnt *iPhoto* damit, all die Bilder, die sich in Ihrem Ordner befinden, zu importieren. Und das entstehende *Album* bekommt automatisch den Namen dieses Ordners.

Kapitel 5

> *Wollen Sie Bilder nicht in ein **Album** importieren, sondern einfach mal in das Programm einbringen, um sie dann später in verschiedene **Alben** aufzuteilen, markieren Sie einfach die Bilder und ziehen sie auf den Eintrag **Fotos**. Dadurch werden die Bilder alle in das Programm **iPhoto** importiert und können hernach per Drag & Drop in verschiedene **Alben** aufgeteilt werden. Das funktioniert wie bei **iTunes**: Ein und dasselbe Foto kann in beliebig vielen **Alben** vorkommen. Faktisch existiert es jedoch nur ein einziges Mal.*

Bei *iTunes* haben Sie gesehen, dass im Ordner *Musik* der Unterordner *iTunes* angelegt wird, der die komplette Verwaltung für *iTunes* enthält. Im Fall von *iPhoto* liegen all die Daten, die Sie mit *iPhoto* verwalten, in dem Ordner *Bilder* innerhalb Ihres *Homeverzeichnisses*. Und dort erscheint eine neue Datei namens *iPhoto Library*. In diese Datei wurden all Ihre Bilder importiert.

> *Das heißt, es besteht nicht die Notwendigkeit, Bilder auch noch außerhalb von **iPhoto** aufzuheben. Aber das ist gefährlich! Denn die **iPhoto Library** enthält damit Ihr komplettes digitales Leben, alle Bilder meinetwegen der vergangenen zehn Jahre. Apple ist sich dieser Verantwortung bewusst und bietet deswegen mit **Time Machine** ein erschreckend einfaches Backup-Konzept. Und dabei werden natürlich auch Ihre Bilder in Sicherheit gebracht.*

iPhoto Library

Futter – Datenübernahme von bisherigen Systemen

*Was aber, wenn Sie vorher prüfen wollen, welche Bilder Sie in iPhoto übernehmen möchten? Bei Windows 7 haben die Ordnericons miniaturisierte Symbole der darin enthaltenen Bilder. Beim Mac öffnen Sie den oder die Bilderordner und schalten auf die **Cover Flow**-Darstellung um. Und so erhalten Sie eine perfekte Voransicht Ihrer Bilddaten. Wollen Sie ein Bild vergrößert sehen, so ist Übersicht (Quick Look) optimal für Sie geeignet: Einfach das Augen-Symbol im oberen Teil des Fensters anklicken und sogleich wird das gewählte Bild vergrößert dargestellt!*

Sichten der Bilder – Cover Flow und Übersicht

Noch einmal kurz zurück zu der Idee, Musik in *iTunes* zu importieren. Ich hatte vorhin erwähnt, dass Sie möglicherweise am PC Ihre Musik nicht mit *iTunes* verwaltet hatten. Dann ist die Funktionsweise dieselbe wie hier in *iPhoto*: Ziehen Sie Ihre MP3-Lieder entweder auf eine bestimmte *Wiedergabeliste*, um sie dieser zuzuführen. Oder Sie bewegen sie auf den Eintrag *Musik*, dann werden sie allgemein der Sammlung hinzugefügt.

Kapitel 5

Ihr doppelter Boden: Time Machine

Haben Sie nun erfolgreich alle Ihre Daten übertragen, dann wird es allerhöchste Zeit, diese in Sicherheit zu bringen, also ein Backup zu erstellen.

Time Machine

Time Machine ist an sich eine ziemlich langweilige Funktion. Denn *Time Machine* erstellt Backups, und zwar grundsätzlich von Ihrem kompletten Rechner. Nun gut, derartige Softwarepakete gibt es viele. Warum aber ist *Time Machine* in aller Munde? Und warum schwärmen Mac-Besitzer, wenn Sie von *Time Machine* erzählen, wenn es sich doch nur um ein Backup-Programm handelt?

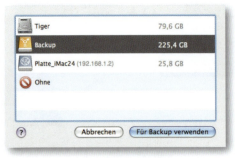

Backup-Medium wählen

Das Schöne an *Time Machine* ist die unglaublich einfache Konfiguration. Man startet am besten die *Systemeinstellungen* –> *Time Machine* und wählt zuallererst bei *Volume wechseln* den Datenträger aus, der das Backup aufnehmen soll.

Welche Datenträger kommen als Backup-Medium infrage? Es können externe Datenträger, wie zum Beispiel USB 2.0- oder FireWire-Festplatten, zum Einsatz kommen. Achten Sie bitte darauf, dass diese im *Mac OS Extended*-Format formatiert sind. Sollte dies nicht der Fall sein, ist vorher über das *Festplatten-Dienstprogramm* die Formatierung der Platte auf das nötige Dateisystem umzustellen.

> *Auch möglich sind andere Rechner im Netzwerk, die sich zur Verfügung stellen, oder eine Festplatte, die Sie an Ihren WLAN-Router aus dem Hause Apple angeschlossen haben.*

Futter – Datenübernahme von bisherigen Systemen

Dieser WLAN-Router aus dem Hause Apple hört auf den Namen *Airport Basis-Station* und an diese Station können Sie eine zusätzliche USB-2-Festplatte anstecken. Oder aber Sie verwenden das Spezialprodukt aus dem Hause Apple namens *Time Capsule*. Was ist das besonders Elegante an dieser Lösung? Richtig! Drahtlos über WLAN bzw. WiFi erstellt Ihr Rechner die Sicherungskopien auf diesem *Time Capsule*. Das bietet Ihnen auch die Chance, alle Rechner bei sich zu Hause oder in Ihrer Abteilung in der Firma auf ein und derselben Festplatte zu sichern.

> *Denn für jeden Rechner, der sein Backup über* **Time Machine** *auf die Festplatte legt, wird ein eigener Ordner angelegt, so dass keine Daten durcheinandergeraten können. Besonders Sinn macht die Lösung natürlich, wenn Sie sich ein MacBook Air geholt haben, denn das MacBook Air hat zwar einen USB-Anschluss, aber es ist ja dazu gedacht, drahtlos verwendet zu werden. Unter Einbeziehung von* **Time Capsule** *machen Sie somit über die Drahtlosverbindung von Ihrem MacBook Air die Sicherungskopien auf der Festplatte.*

Aber kommen wir zurück zur Konfiguration von *Time Machine*. Interessant ist zudem der Reiter *Optionen*. Dort können Sie Bereiche Ihrer Festplatte von dem automatischen Backup ausnehmen. Das können Partitionen Ihrer Festplatte sein, aber auch einzelne Ordner. Ich rate Ihnen jedoch davon ab.

Ist alles eingestellt und konfiguriert, beginnt *Time Machine* loszulegen und Ihren kompletten Rechner auf den externen Datenträger zu kopieren. Im Falle einer FireWire-Anbindung geht es am schnellsten. Weiterhin ist USB 2.0 ratsam, was die Geschwindigkeit angeht. Sicherlich am langsamsten ist die drahtlose Lösung mit *Time Capsule*.

Backup wird erstellt

> Das erste Backup, das erstellt wird, umfasst den kompletten Rechner inklusive Betriebssystem, Programmen, Treibern, aller Benutzerdaten und Kennwörter, Ihrer Musiksammlung, Ihren Fotos, Filmen – einfach alles. Haben Sie zum Beispiel 60 Gigabyte Daten auf Ihrem Rechner, so kann es bisweilen eine gewisse Zeit in Anspruch nehmen, bis dieses erste Backup komplett auf dem Sicherheitsdatenträger gelandet ist.

Aber dann! *Time Machine* wiederholt das Backup zu jeder Stunde. Was wird nach einer Stunde in das Backup übernommen? Nur die Änderungen. Änderungen sind zum Beispiel neu erstellte Dateien und Dokumente, neue E-Mails, neue Bilder, neue Musikstücke oder geänderte Dateien und Dokumente. Sie haben vielleicht in der vergangenen Stunde 27 *Excel*-Dateien geöffnet, Zahlen geändert und die Dateien wieder gespeichert.

Somit haben Sie von den *Excel*-Dateien nun schon zwei Versionen auf dem Backup: die ursprüngliche Version und die aktuelle Version mit den neuen Zahlen. So sieht dann übrigens die Ablagestruktur auf Ihrem Sicherungsdatenträger aus:

Futter – Datenübernahme von bisherigen Systemen

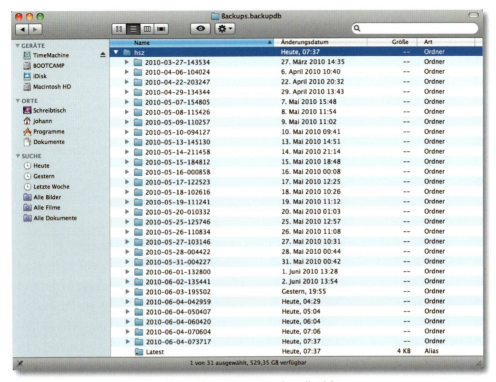

Struktur der „Time Machine"-Ablage

Sie sehen, auf dem externen Datenträger legt *Time Machine* erst einmal einen Ordner mit dem Namen Ihres Computers an. In diesem Fall heißt der Rechner *Administrators MacBook Pro*. Und zu jedem Zeitpunkt, an dem ein Backup erstellt wird, wird ein Datumsstempel hinzugefügt.

Sie sehen die Jahreszahl, den Monat, den Tag und dann die genaue Uhrzeit, wann dieses Backup erstellt worden ist. Was aber, wenn just wieder die Stunde gekommen wäre, aber der externe Datenträger nicht verfügbar ist, um das Backup zu platzieren? Es passiert nichts. Es kommt kein nervendes Hinweisfenster, es passiert einfach nichts.

Zu nächsten Stunde, sobald wieder ein Backup ansteht und alle benötigten Ressourcen verfügbar sind, wird erkannt, dass seit zwei Stunden keine Sicherung erstellt wurde. So verwendet *Time Machine* jetzt einfach alle Daten, die aus den letzten zwei Stunden stammen.

Kapitel 5

> *Backup-Lösung einfach gemacht:* **Time Machine**, *einmal konfiguriert, verrichtet seinen Dienst tadellos, ohne zu nerven, ohne ständig mit Fenstern auf sich hinzuweisen, verbleibt einfach im Hintergrund. Weil Mac OS X ein UNIX-Betriebssystem ist, werden Sie gar nicht merken, dass im Hintergrund ein Backup abläuft. Denn dieses Betriebssystem wird einfach im Hintergrund das Programm ausführen und Sie können im Vordergrund entspannt mit allen anderen Dingen weiterfahren, um im Internet zu surfen oder Geld zu verdienen. Wobei ich damit nicht sagen will, dass man im Internet kein Geld verdienen kann ;-).*

Was hat man aber davon, dass man über ein Backup von seinem kompletten Datenbestand verfügt? Nun, ich würde meinen dreierlei Dinge.

1. Stellen Sie sich vor, Ihre interne Festplatte des MacBooks geht aufgrund eines Defekts kaputt. Da Sie wahrscheinlich sehr viel damit unterwegs sind, ist die Wahrscheinlichkeit durchaus gegeben, dass die Festplatte einmal ihren Geist aufgibt. Sie müssen eine neue Festplatte kaufen. Oha! Alle Daten sind weg! Aber Sie haben ja zum Glück mit *Time Machine* ein Backup erstellt.

> *Was tun Sie? Sie legen die Installations-DVD ein, die bei Ihrem Rechner mitgeliefert wurde, starten von dieser DVD durch Drücken der Taste C, wählen die deutsche Sprache aus und wählen dann aus dem Bereich* **Dienstprogramme** *–>* **System vaus Backup wiederherstellen***. Sie hängen Ihren* **Time Machine***-Datenträger an und los geht's!*

Jetzt wird Ihr letztes Backup komplett auf die neue Festplatte übertragen und nach kurzer Zeit sind Sie wieder perfekt einsatzbereit, da alles übernommen wurde: das Betriebssystem, alle installierten Programme, alle Seriennummern, Ihre digitalen Bilder, Ihre Musiksammlung, Ihre Dateien, Einstellungen, Konfigurationen, einfach alles. *Time Machine* ist also Ihr doppelter Boden, Ihr Sicherheitsnetz, sollte Ihre interne Festplatte einmal kaputtgehen.

2. *Time Machine* in Aktion

   Vielleicht kennen Sie das: Man hat aus Versehen irgendwann eine Datei gelöscht und dann – oh Mann – braucht man ausgerechnet diese Datei wieder. Das ist der perfekte Zeitpunkt für *Time Machine*! Sie starten *Time Machine* und sehen, wie sie Ihnen den Zustand des Ordners in der Vergangenheit

Futter – Datenübernahme von bisherigen Systemen

anzeigt. Sie können nun fensterweise nach hinten klicken oder rechts über die Zeitleiste zu einem bestimmten Zeitpunkt zurückgehen und dann die Datei aus der Vergangenheit in die Gegenwart holen, indem Sie diese wiederherstellen.

Gelöschte Dateien wieder in die Gegenwart zurückholen

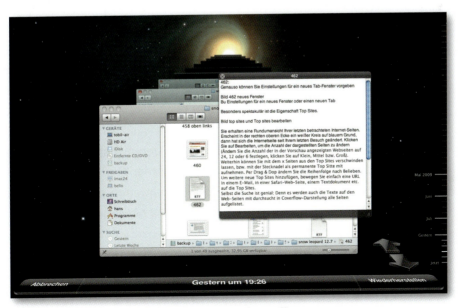

Dateien wiederherstellen

235

So finden Sie in der Vergangenheit diese Datei. Vielleicht sind Sie sich noch nicht sicher, ob es wirklich die gesuchte Datei ist. Dann klicken Sie die Datei einmal an, um mit der Leertaste die Funktion *Übersicht* aufzurufen. Damit können Sie in die Datei hineinsehen, ohne das dazugehörige Programm starten zu müssen. Ist es die richtige Datei, dann klicken Sie auf *Wiederherstellen*, um diese in die Gegenwart zurückzuholen.

3. Ist Ihnen vielleicht auch das schon mal passiert? Sie öffnen ein Dokument, ändern darin etwas, und während Sie daran arbeiten, denken Sie im Hinterkopf: Ich muss diese Datei unter einem neuen Namen ablegen. Aber ehe Sie sich versehen, haben Sie die alte Datei mit den neuen Informationen überspeichert. Sie möchten jetzt trotzdem gerne auf die alte Fassung dieser Datei zurückgreifen. Auch diese Möglichkeit bietet Ihnen *Time Machine*! Sie gehen einfach zurück in die Vergangenheit, holen sich die ältere Version der Datei und stellen sie wieder her.

Zugriff auf Dateiversionen

Time Machine erkennt beim Wiederherstellen, dass die Datei am gleichen Ablageort bereits existiert, aber ein anderes Datum hat. Sie können sich also nun entscheiden, welche Version der Datei Sie haben möchten. Klicken Sie am besten auf *Beide behalten*. Damit bleibt die aktuelle Datei, die sie vorhin geändert haben, ebenso erhalten wie die Datei, die Sie aus Versehen überschrieben haben.

Sie sehen also: *Time Machine* bringt Ihnen eine Menge Sicherheit bei der Arbeit an Ihrem Computer. Sie werden sich fragen, ob der *Time Machine*-Backup-Datenträger denn aufgrund der Fülle von Informationen nicht irgendwann mal überläuft? Antwort: Ja, könnte sein. Aber: *Time Machine* ist clever!

Wenn 24 Stunden vergangen sind, werden die einzelnen Stunden-Backups zu einem gemeinsamen Tages-Backup konsolidiert. Sind mehrere Tage vergangen, werden diese nach einer gewissen Zeit zu einem Wochen-Backup zusammengefasst und so weiter. Das heißt: *Time Machine* selbst hat eine eingebaute

Futter – Datenübernahme von bisherigen Systemen

Intelligenz, die den Platzbedarf auf Ihrem externen Datenträger möglichst minimal hält.

Und dies alles geschieht – und das ist das Herausragende am *Time Machine*-Konzept – ohne Ihr Zutun. Es gibt quasi nichts einzustellen und es funktioniert und funktioniert und funktioniert.

Kapitel 6:
Sicherheit – auch unterwegs

Kapitel 6

Sicherheit – auch unterwegs

Besonders ein tragbarer Rechner ist viel und oft unterwegs. Einmal aus Versehen offen stehengelassen, kann jeder andere die Daten einsehen und sogar entwenden. Doch Apple hat sich einige perfekte Sicherheitsmechanismen überlegt und in das Betriebssystem eingebaut, um optimalen Schutz bieten zu können. Damit unterbinden Sie, dass jemand Ihren Rechner fremdstartet und Daten entnimmt uns stellen sicher – sofern Ihr Rechner eingeschaltet sein sollte, dass niemand Ihre Dokumente sehen geschweige denn kopieren kann.

Firmware-Kennwort

Auf der Installations-DVD befindet sich das Programm *Kennwörter zurücksetzen*. Wenn also jemand Ihren Rechner in die Finger bekommt und die DVD einlegt, davon startet (halten der Taste C), dann kann er mittels dieses Programms Ihr Benutzer- oder Admin-Kennwort neu eintragen, ohne das vorherige alte zu kennen und sich so Zutritt zum Rechner und dessen Daten verschaffen!

Programm Kennwörter zurücksetzen auf einer Installations-DVD

240

Sicherheit – auch unterwegs

Kennwörter zurückzusetzen ist ein sehr mächtiges Werkzeug. Sie möchten das unterbinden? Auch das ist möglich. Hierzu muss ein sogenanntes Firmware-Kennwort gesetzt werden.

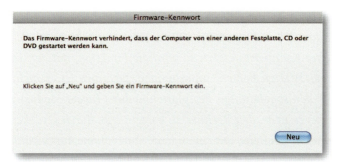

Firmware-Kennwort

Um das Firmware-Kennwort vergeben zu können, starten Sie Ihren Rechner mit der Installations-DVD (DVD einlegen, Neustart und *Taste C* gedrückt halten). Nach der Auswahl der Sprache sehen Sie in der Menüleiste den Eintrag *Dienstprogramme* und dort wählen Sie *Firmware-Kennwort* aus.

Dieses Firmware-Kennwort, das Sie vergeben, hat folgende Funktion: Ihr Rechner kann von verschiedenen Datenträgern gestartet werden – von der internen Festplatte, von der Installations-DVD oder auch von externen Datenträgern wie FireWire-Festplatten, auf die Sie ein Betriebssystem aufgespielt haben. Dies kann durch ein Firmware-Kennwort unterbunden werden. Das bedeutet, wenn Sie ein Firmware-Kennwort gesetzt haben (das Sie niemals vergessen sollten), dann ist es nur noch möglich, standardmäßig von der internen Festplatte zu booten.

Firmware-Kennwort gesetzt

241

> *Ein anderer bootfähiger Datenträger kann nur noch dann verwendet werden, wenn jemand über das Firmware-Kennwort verfügt. Damit erhalten Sie optimalen Schutz für Ihren Computer. Denn jemand, der das Firmware-Kennwort nicht hat, ist auf keinen Fall in der Lage, von der Installations-DVD zu booten und kann damit das Programm **Kennwörter zurücksetzen** nicht starten. Ist das Firmware-Kennwort gesetzt, so wird die Funktion, mit der **Taste C** von der Installations-DVD zu booten, unterbunden. Genauso ist es nicht möglich, mit der **Taste T** den sogenannten Festplattenmodus (Target-Modus) zu verwenden. Auch andere Versuche, den Rechner zu booten, z. B. durch Drücken der **alt-Taste** während des Einschaltens, um ein anderes Startvolume auszuwählen, werden darauf hinauslaufen, dass ein Kennwortdialog eingeblendet wird, der das Firmware-Kennwort verlangt. Ist dieses nicht bekannt, scheitert der Versuch und der Computer wird von der internen Festplatte starten. Verfügt man aber über das Firmware-Kennwort, hat man die Option, ein anderes bootfähiges Laufwerk auszuwählen. Auch das Zurücksetzen des sogenannten P-RAM (Parameter-RAM), die Tastenkombination **cmd + alt + P + R**, wird blockiert.*

Das Setzen eines Firmware-Kennworts kann eine nützliche Funktion darstellen. Jedenfalls bietet es optimalen Schutz vor potenziellen Computer-Eindringlingen.

Firmware-Kennwort vergessen – was nun?

Was tun, wenn Sie das Firmware-Kennwort Ihres Rechners vergessen haben? Tja, dann ist guter Rat teuer. Es gibt natürlich einen Weg, auch dieses Firmware-Kennwort zu umgehen, aber Sie müssen uns an dieser Stelle verzeihen, wenn wir diesen Weg im Buch nicht beschreiben, weil sonst jedem Hacker Tür und Tor geöffnet würden. In diesem Fall wenden Sie sich bitte an den Händler, von dem Sie Ihren Apple erworben haben oder an einen anderen Apple-Händler. Der wird Ihnen sicher mit Rat und Tat zur Seite stehen. Oder Sie kontaktieren uns persönlich unter info@amac-buch.de.

Sicherheit – auch unterwegs

Systemeinstellungen / Sicherheit

Bevor Sie die Sicherheitseinstellungen vornehmen, noch ein kurzer Blick in die Einstellungen bezüglich das Bildschirmschoners. Sie wissen, dass nach einer einstellbaren Zeit der Inaktivität dieser in Kraft treten wird.

Weiterhin finden Sie in den Bildschirmschoner-Einstellungen die Eigenschaft *Aktive Ecken*.

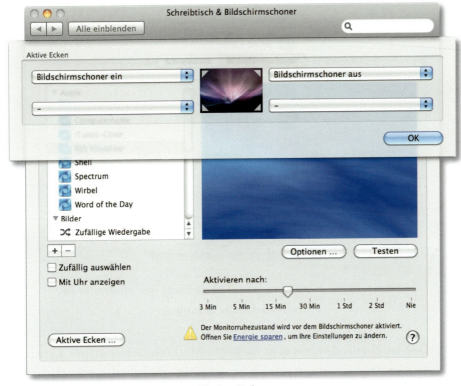

Aktive Ecken

Was können Sie damit tun? Nun, wenn Sie plötzlich Ihren Rechner verlassen, dann würde ja noch eine gewisse Zeit vergehen, bis Ihr Rechner den Bildschirmschoner anwirft und damit vor fremden Blicken sicher ist. Wenn Sie nun eine aktive Ecke mit *Bildschirmschoner Ein* definieren, dann bringen Sie Ihren Mauszeiger in diese Ecke und der Bildschirmschoner startet sofort. Wie Sie gleich sehen werden, kann dann eine Passwortabfrage eingebaut werden.

Es gibt noch zwei weitere Funktionen, um beim Verlassen des mobilen Geräts einen Zugriffsschutz einzubauen:

Kapitel 6

- *Ruhezustand:* Sie finden diesen im -Menü oder können ihn via *cmd + alt + ⏏* aufrufen.
- *Anmeldefenster:* Um an das Anmeldefenster zu gelangen, müssen Sie in den *Systemeinstellungen –> Benutzer* in den *Anmeldeoptionen* den schnellen Benutzerwechsel aktivieren.

Ist der schnelle Benutzerwechsel aktiv, kann der Anwender ins Anmeldefenster gelangen

Das ist ebenfalls eine sehr elegante Methode, um nur per Kennwort wieder Zugang zum Rechner zu erhalten. Während der Rechner sich im Anmeldefenster befindet, können Sie in Ihrem Benutzeraccount alle Programme und Fenster offen lassen. Die Funktion ist ähnlich der Windows-Funktion *Strg + Alt + Entf* und der Sperrung des Computers.

Sicherheit

In den Einstellungen *Sicherheit* können Sie diverse Vorgaben definieren, um z. B. Ihren Bildschirmschoner vor fremdem Zugriff abzusichern. Darüber hinaus können Sie dort weitere Einstellungen vornehmen.

Sicherheit – auch unterwegs

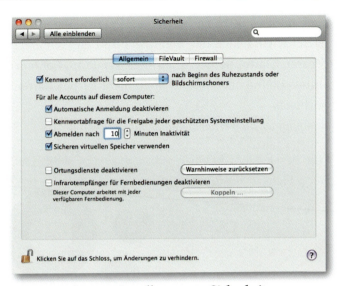

Systemeinstellungen –> Sicherheit

Der *Ruhezustand* ist – anders als der Bildschirmschoner – eine Möglichkeit, den Rechner energiesparend über eine längere Zeitdauer am Laufen zu halten. Das heißt, im Ruhezustand wird der Rechner nicht beendet, sondern er bleibt aktiv, beginnt aber ein kleines „Schläfchen". Den Ruhezustand holen Sie über das -Menü und dort über die Einstellung *Ruhezustand*.

Wenn Sie die Kennwortabfrage eingestellt haben (*Kennwort erforderlich nach Beginn des Ruhezustands oder Bilschirmschoners*), dann wird der Ruhezustand durch Drücken mit der Maustaste oder einer Taste auf der Tastatur beendet und das Kennwort wird verlangt. Eine Neuerung dabei ist das einstellbare Zeitintervall, nach dem ein Kennwort verlangt wird. Man kann den Rechner also auch für kurze Zeit in den Ruhezustand versetzen ohne das beim Aufwachen ein Kennwort benötigt wird.

Die weiteren Einstellungen:
- *Automatisches Anmelden deaktivieren:* Diese Einstellung hatten wir bereits bei der Installation betrachtet. Die Funktion besagt, dass – sofern mehrere Benutzer ein und denselben Rechner verwenden – es wenig Sinn macht, dass sich ein Benutzer automatisch an diesem Rechner einloggt. Deshalb sollte man hier die automatische Anwendung deaktivieren, so dass ein Dialog erscheint, in dem die Liste der Benutzer auftaucht, und jeder Benutzer klickt sich in der Liste an und autorisiert sich über das ihm zugewiesene Kennwort.

Kapitel 6

- *Abmeldung nach xy Minuten Inaktivität:* Diese Einstellung bewirkt das automatische Abmelden des Benutzers und danach erscheint das Anmeldefenster. Es funktioniert allerdings nur dann, wenn in den diversen Programmen keine offenen und noch nicht gespeicherten Dokumente mehr vorliegen.
- *Infrarotempfänger für Fernbedienungen deaktivieren:*

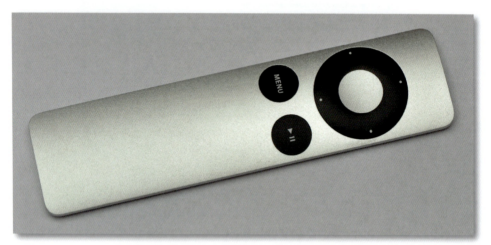

Die Infrarot-Fernbedienung von Apple

Die Apple Remote ist eine Infrarot-Fernbedienung von Apple – sehr schlank und elegant. Mit dieser können Sie den Rechner fernsteuern. Die Funktionalität *Front Row* baut auf der Fernbedienung auf. Wenn Sie hier das Häkchen entfernen, klare Sache, dann wird die Infrarotfunktionalität deaktiviert. Die Eigenschaft *Koppeln* bringt den Rechner zum ersten Mal in Kontakt mit Ihrer Infrarot-Fernbedienung.

FileVault

Wechseln wir in den zweiten Reiter namens *FileVault*.

Die Funktionalität *FileVault* ist eine ziemlich clevere Geschichte. Sie haben ja bereits erkannt, dass jede Person, die an diesem Rechner als Benutzer definiert ist, über ihr eigenes Benutzerverzeichnis verfügt, das Homeverzeichnis. Dieses Homeverzeichnis kann nun mit der Funktionalität FileVault verschlüsselt werden. Diese Verschlüsselung bietet zusätzlichen Schutz. Wann kann dieser Schutz notwendig sein?

Sicherheit – auch unterwegs

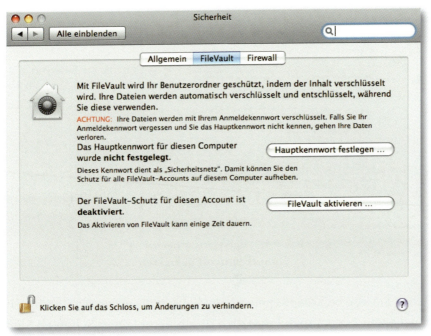

FileVault-Einstellungen

Denken Sie z. B. an folgende Dituation: Warum auch immer, vergessen Sie im Zug, auf dem Bahnhof, am Flughafen. Nun könnte jeder, wenn Sie FileVault nicht einsetzen, sich zu den Daten auf Ihrem Homeverzeichnis Zutritt verschaffen. FileVault bietet also eine zusätzliche Sicherheit, um die von Ihnen erzeugten Daten, die im Benutzerverzeichnis abgelegt wurden, zu verschlüsseln.

FileVault-Hauptkennwort

Um FileVault aktivieren zu können, muss zunächst ein sogenanntes Hauptkennwort vergeben werden. Dieses Hauptkennwort ist auch in der Lage, falls ein Benutzer sein eigenes Kennwort vergessen hat, FileVault wieder zu öffnen. Das heißt, jeder Benutzer vergibt sich selbst ein Kennwort für die Verschlüsselung seines Homeverzeichnisses. Das Hauptkennwort ist übergeordnet. Nur wer eines der Kennwörter kennt, kann die Verschlüsselung aufheben. Ohne Hauptkennwort ist es dem Anwender verwehrt, ein eigenes Kennwort zu vergeben.

Also, Schritt eins ist die Festlegung des Hauptkennworts. Das sollte im Normalfall ein Administrator tun, der damit die Funktion von FileVault generell für den Rechner aktiviert.

Kapitel 6

Hauptkennwort definieren

Geben Sie also bei *Hauptkennwort* und bei *Bestätigen* das gewünschte Hauptkennwort ein. Sie können zusätzlich durch den kleinen Schlüssel, den Sie rechts neben dem Hauptkennwort sehen, den Hauptkennwort-Assistenten zu Rate ziehen, der Ihnen Auskunft gibt, wie sicher, wie qualitativ hochwertig Ihr Kennwort ist. Je weiter der farbige Balken nach rechts fortschreitet, umso sicherer ist das von Ihnen definierte Hauptkennwort. Bestätigen Sie das Hauptkennwort mit *OK*. Hat der Administrator die Funktion von FileVault grundsätzlich aktiviert, so kann nun jeder beliebige Nutzer an diesem Rechner für sich die FileVault-Funktionalität aktivieren.

FileVault-Aktivierung

Ist das Hauptkennwort erfolgreich eingerichtet, kann jeder User seinen Benutzerordner via FileVault verschlüsseln. Nun wird also unter *Einstellungen –> Sicherheit* bei FileVault die Verschlüsselung aktiviert. Nach der Eingabe des Kennworts kann es fast schon losgehen.

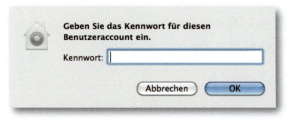

Kennworteingabe vor dem Start der Verschlüsselung

Sicherheit – auch unterwegs

Anschließend erfolgt noch ein Hinweis, dass ein verschlüsseltes Homeverzeichnis gewissen Einschränkungen unterliegt.

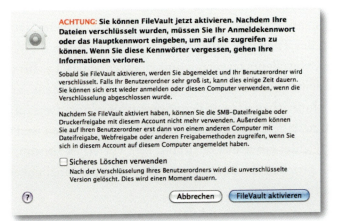

Hinweis der Einschränkungen nach Abschluss von FileVault

So ist beispielsweise der Zugriff über das Netzwerk auf die Daten nur dann möglich, wenn man an diesem Rechner auch angemeldet ist. Der Zugriff von einem Windows-Rechner auf das Homeverzeichnis hingegen bleibt tabu.

Und wenn Sie möchten, können Sie nach erfolgter Verschlüsselung die unverschlüsselten Daten sofort entfernen lassen (*Sicheres Löschen verwenden*).

Dann wird der User abgemeldet und das Verzeichnis verschlüsselt, was bei vielen Dateien durchaus einige Zeit in Anspruch nehmen kann.

FileVault ist aktiv

Verschlüsseltes Benutzerverzeichnis

249

Wie Sie anhand des Bildschirmfotos sehen, hat der Benutzer *test* sein Benutzerverzeichnis mit FileVault verschlüsselt. Sie bemerken es, wenn Sie in der Seitenleiste in den Bereich *Orte* schauen. Dort sehen Sie, dass vor dem Namen *test* ein anderes Symbol steht als das normal übliche Häuschen. Ebenfalls oben in der Titelleiste erkennen Sie dieses Icon. An diesem Symbol ist ein verschlüsseltes Benutzerverzeichnis zu erkennen. Hat es für den Benutzer *test* in irgendeiner Form Auswirkungen, wenn er mit einem verschlüsselten Homeverzeichnis arbeitet? Ja, in dem Augenblick, wo er etwas tut, wird ja stets berücksichtigt, dass sein Benutzerverzeichnis verschlüsselt ist. Das heißt, die Performance leidet ein Stück darunter. Der Vorteil ist für ihn, dass andere Benutzer am gleichen Rechner in keinster Weise die Möglichkeit haben, auf seine Daten zuzugreifen.

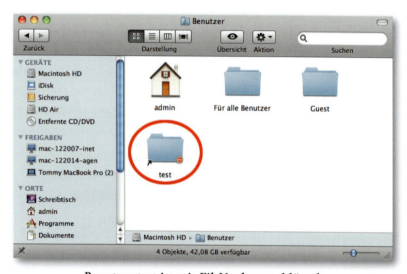

Benutzer test ist mit FileVault verschlüsselt

Sie sehen am vorherigen Bildschirmfoto, dass ich nun als Admin an dem Rechner eingeloggt bin und das komplette Benutzerverzeichnis *test* ist mit einem Einbahnstraßenschild versehen ist. Ich kann in das Homeverzeichnis des Benutzers *test* keinen Einblick nehmen. Das ist also ein weiterer Effekt von FileVault. Die Verschlüsselung der Daten bringt Ihnen den Vorteil, dass, wenn Sie den Rechner verlieren sollten, der Finder des Rechners das Kennwort haben muss, um an Ihre Daten ranzukommen. Aber auch wenn andere Benutzer mit dem gleichen Rechner arbeiten, hat keiner mehr irgendeine Chance, Ihr Benutzerverzeichnis einzusehen.

Sicherheit im Internet – Firewall

Keine Frage – Firewall ist keine neue Möglichkeit, um ins Internet zu kommen, sondern eine Firewall sichert Ihren Rechner ab, damit niemand unerwünscht Zugang zu Ihren Dateien und Ressourcen erhält. Die *Firewall-Einstellungen* finden Sie im Menüpunkt *Systemeinstellungen –> Sicherheit*.

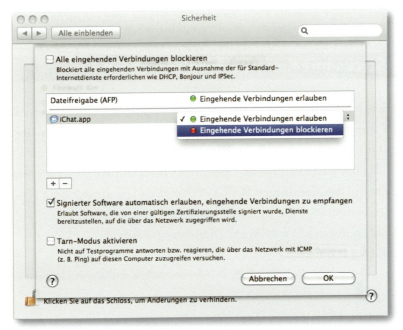

Firewall-Einstellungen

Hier haben Sie dreierlei Einstellungsoptionen:
- *Alle eingehenden Verbindungen blockieren*: Das ist megasicher. Egal, wer wie mit Ihnen Kontakt aufnehmen will, es wird schlicht und ergreifend kein Kontakt zustande kommen.
- *Individuelle Verbindungsliste*: Hier stellen Sie eine Liste zusammen, welche Programme auf Ihren Rechner Zugriff nehmen dürfen. Dabei können Sie der Liste Programme hinzufügen, um den Zugriff zu erlauben. Sie können aber genauso Programme in die Liste aufnehmen, damit genau diese blockiert werden.
- *Signierter Software automatisch erlauben, eingehende Verbindungen zu empfangen*: Die Zertifikate werden im Regelfall im Schlüsselbund abgelegt. Liegt eines vor, wird der Zugriff erlaubt.

Kapitel 6

Tarn-Modus: Wenn Sie ihn einschalten, bewegen Sie sich zwar im weltgrößten Netz, dem Internet, aber keiner weiß, dass Sie sich darin bewegen. Ich verwende die Funktion stets, wenn ich über Hotspots im Internet arbeite. Das gibt mir zusätzliche Sicherheit zu der natürlich eingeschalteten Firewall, auf der ich zusätzlich noch hinterlege, dass alle eingehenden Verbindungen blockiert werden. Das heißt: Sollte tatsächlich jemand meinen Tarn-Modus überwinden, dann wird er dennoch blockiert. Das ist doppelte Sicherheit und damit eine sehr nützliche Einstellung.

USB-Sticks mit Kennwörtern absichern

Wer so wie ich viel unterwegs ist, verwendet bisweilen USB-Datensticks, um dort Informationen abzulegen oder zu transportieren. Geht der Stick verloren, sind oftmals vertrauliche Informationen in die Hände anderer Personen gelangt. Deshalb ist es sinnvoll, USB-Sticks mit kennwortgeschützten Images zu versehen. Dazu benötigen Sie das *Festplatten-Dienstprogramm (Programme –> Dienstprogramme)*.

Sie können mit dem Festplatten-Dienstprogramm
- Images erstellen,
- Images durch die Funktion *Wiederherstellen* auf einen Datenträger kopieren,
- Images auf CDs oder DVDs brennen,
- Images überprüfen bzw. Prüfsummen checken,
- Images mit Kennwörtern versehen,

um hier die wichtigsten Funktionen zu nennen.

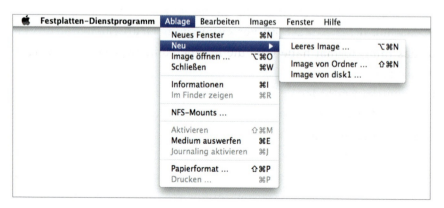

Ein neues Image

Sicherheit – auch unterwegs

Der erste Schritt könnte das Erstellen eines neuen Images sein. Wählen Sie hierzu den Menüpunkt *Ablage –> Neu* aus, so haben Sie drei Möglichkeiten: Entweder Sie entscheiden sich für ein leeres Image oder Sie bevorzugen als Quelle einen Ordner bzw. ein komplettes Volume oder einen Datenträger.

Eigenschaften eines Images

Ich habe mich zunächst für ein leeres Image entschieden. Wie Sie dem Bildschirmfoto entnehmen können, müssen Sie einen Namen sowie einen Ablageort für das Image vergeben. Der Volumename erscheint dann, wenn das Image gemountet ist. Auch hier können Sie einen Namen eintragen. Sie definieren weiterhin die Volumegröße und das Volumeformat.

Wenn Sie dort sensible Daten aufheben wollen, ist es sehr ratsam, eine Verschlüsselung zu wählen. Hierzu gibt es die Möglichkeit, mit 128 Bit oder der noch deutlich sichereren 256-Bit-Verschlüsselung zu arbeiten.

Für das Imageformat haben Sie die Möglichkeit, zwischen vier Varianten auszuwählen:
- *beschreibbares Image*
- *mitwachsendes Image*
- *mitwachsendes Bundle-Image*
- *CD/DVD-Master*

Kapitel 6

Image und sein Volume auf dem Desktop

Als Erstes wähle ich ein wiederbeschreibbares Image. Nach (optionaler) Kennworteingabe wird das Image erstellt. Ist das Image vorhanden, kann man auf die Image-Datei (Suffix: .dmg) doppelt klicken und schon wird das dazugehörige Volume gemountet. In meinem Fall mit dem Namen *Image*.

Sodann kann ich das Volume *Image* öffnen und Daten auf dieses Image schreiben bzw. kopieren, weil es als beschreibbares Image definiert wurde. Sind alle Daten auf das Volume übertragen worden, kann anschließend das Volume z. B. über den Papierkorb ausgeworfen werden. Zurück bleibt die Datei *Daten.dmg*.

Image benötigt Kennwort zum Öffnen

Sicherheit – auch unterwegs

Wollen Sie zu einem späteren Zeitpunkt erneut auf die Daten innerhalb des Images zurückgreifen, klicken Sie einfach doppelt auf die .dmg-Datei. Es erfolgt die Kennwortabfrage und hernach wird das Volume gemountet und Sie sehen, welche Informationen sich auf diesem Image befinden. Damit haben Sie also eine sehr einfache Möglichkeit, eine Datei zu erzeugen, in der Sie sicher Daten aufbewahren können.

Dieses Image können Sie nun auf eine CD brennen oder auf einen USB-Stick kopieren und mit sich herumschleppen. Nur Personen, die das Kennwort kennen, können das Disk-Image öffnen und die darin befindlichen Informationen einsehen. Ein derart erzeugtes beschreibbares Image ist von der Größe her reglementiert, d. h. begrenzt. Wenn Sie ein Image brauchen, das Ihren Bedürfnissen entsprechend mitwächst, so wählen Sie ein *mitwachsendes Image* aus. Fachchinesisch sagt man dazu auch Sparse-Image. Wenn Sie ein mitwachsendes Bundle-Image erzeugen, so entsteht ein sogenanntes Sparse-Bundle. Diese Technologie wird für FileVault verwendet.

Zusätzliche Sicherheitssoftware

Die eingebauten Sicherheitsfunktionen von Apple bieten einen gewissen Schutz vor Raub bzw. Datendiebstahl. Sie sind aber nicht unüberwindlich. Um einen besseren Datenschutz zu erhalten, benötigen Sie Zusatzsoftware. Ein Vertreter ist die Software SafeGuard Disk Encryption von der Firma Sophos (www.sophos.de).

Mit dieser Software wird die gesamte Festplatte verschlüsselt, ähnlich wie mit FileVault. Noch vor dem Booten muss man sich per Power-on-Authentification als berechtigter Nutzer anmelden.

Die Installation der Software sollte aber nicht von Laien ausgeführt werden, da das Tools die EFI-Firmware modifiziert. Der Rechner muss zudem eine EFI64-Firmware aufweisen. Dies trifft erst auf Macs ab 2008 zu. Wer seine Festplatte partitioniert hat und eine Partition für Boot Camp verwendet, muss auf die Software verzichten. Erlaubt sind nur ein Startvolume oder externe Festplatten ohne Betriebssystem.

Kapitel 6

SafeGuard für die Verschlüsselung der Festplatte.

Falls der Computer nun gestohlen wird, kann der Dieb nicht auf die Daten der Festplatte zugreifen. Sobald jemand versucht, das Laufwerk im Target-Modus anzusprechen, oder ein weiteres Systemlaufwerk einbaut, wird die verschlüsselte Platte nicht mehr angezeigt. Ein sicherer Schutz vor Datendieben.

Sicherheit – auch unterwegs

Kapitel 7:
Das geht auch …

Kapitel 7

Das geht auch …

Für den Mac gibt es eine Fülle von Programmen. Dazu gleich einige Informationen. Zuerst zum Grundsätzlichen: Wie werden Programme eigentlich installiert?

Installieren / Deinstallieren von Programmen

Auch das funktioniert ganz einfach und ohne viel Erklärungen. Es gibt zwei völlig verschiedene Installationsroutinen: Entweder das Programm bringt ein Installationsprogramm mit oder es wird einfach per Drag & Drop in den Programme-Ordner gezogen.

Installationsbeispiel Microsoft Office 2011

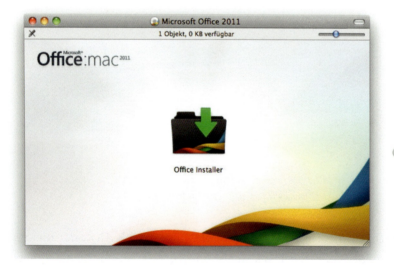

Office 2011 installieren

Legen Sie den Datenträger ein, um Microsoft Office 2011 zu installieren. Öffnen Sie gegebenenfalls durch einen Doppelklick auf das CD-Symbol von Microsoft Office 2011 ein Fenster, um von dort aus den Office Installer aufzurufen.

Das geht auch …

> Bedenken Sie – und darauf weist Sie Microsoft Office 2011 bei der Installation auch hin –, dass zum Installieren dieser Produkte das Administratorkennwort notwendig ist, denn **Microsoft Office 2011** wird wie alle Programme am Mac in den Programme-Ordner installiert und hier hat nur ein Administrator Schreibzugriff.

Der Installationsort muß angegeben werden

Akzeptieren Sie weiterhin die Lizenzbedingungen. Als Installationsort verwendet Microsoft Office 2011, wie schon angegeben, standardmäßig den *Programme*-Ordner. Sie könnten im nächsten Fenster auch einen alternativen Ordner angeben, wovon ich abraten möchte. Nach einigen Minuten ist alles komplett übertragen und die Office-Software ist für den Einsatz bereit.

Einige Installationsprogramme legen sogleich Programm-Icons ins Dock, um Ihnen einen schnellen Zugriff zu ermöglichen. Und manche Programme bringen auch noch eine Deinstallationssoftware mit.

261

Kapitel 7

Microsoft Office 2008 kann über ein Programm wieder entfernt werden

Installation von Firefox

Andere Programme hingegen sind per Drag & Drop zu installieren. Firefox ist hierfür ein bekanntes Beispiel. Zunächst lädt man die Software über das Internet und diese landet dann in Ihrem *Downloads*-Ordner, im Falle von Firefox eine sogenannte Disk-Image-Datei, die Sie durch einen Doppelklick öffnen können.

Download von Firefox

Das geht auch …

Dann ist's schon fast geschafft. Nun ziehen Sie das Icon von Firefox auf das Programme-Icon rechts daneben oder einfach in das geöffnete Programme-Finder-Fenster oder auf das Programme-Icon in der Seitenleiste. In jedem Fall müssen Sie als Admin eingeloggt sein oder sich dafür authorisieren.

Firefox installieren

Wollen Sie Firefox wieder deinstallieren, dann verschieben Sie das Icon einfach in den Papierkorb.

Programme, die sich über Drag & Drop installieren lassen, können Sie natürlich genauso auf andere Mac-Rechner übertragen.

Programme, die eine Installationsroutine benötigen, müssen per Datenträger auch auf einem anderen Rechner installiert werden. Wenn Sie in Ihren *Programme*-Ordner schauen, dann sehen Sie Programme, die nur ein Icon haben, und andere, die ein Ordnersymbol aufzeigen.

Kapitel 7

Blick in den Ordner Programme

Zu fast 100 Prozent ist folgende Aussage korrekt: Installierte Programme, die über ein Ordnersymbol verfügen, müssen installiert werden und die anderen können per Drag & Drop eingespielt werden.

> Wenn Sie Programme wieder gelöscht oder entfernt haben, sind noch immer Rückstände vorhanden. In Ihrem Homeverzeichnis finden Sie unter **Library/Preferences, Library/Caches** und **Library/Application Support** noch diverse Dateien, die Sie dann getrost ebenso löschen könnten.

Das geht auch ...

Programme für den Mac

Der Mac als Fernsehgerät

Klare Sache: TV gucken geht natürlich auch mit dem Mac. Benötigt wird ein TV-Tuner für Ihre Bedürfnisse.

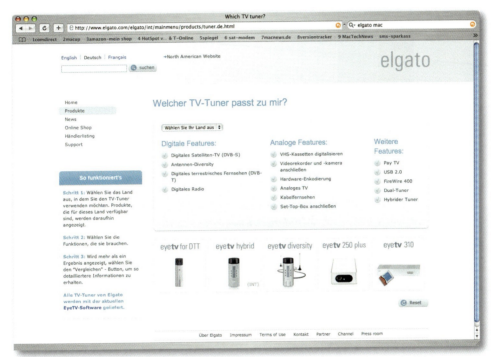

TV-Tuner von elgato

Sie finden unter *http://www.elgato.com* eine umfangreiche Sammlung von Tuner-Gerätschaften inklusive der passenden Software (EyeTV), damit dem Fernsehgenuss nichts mehr im Wege steht.

Die Installation ist mac-like und damit absolut problemfrei. Einfach die beigelegte CD einlegen und das Programm *EyeTV* in den *Programme*-Ordner kopieren. Beim ersten Start sucht das Programm via Antenne oder Kabel nach Sendern.

Kapitel 7

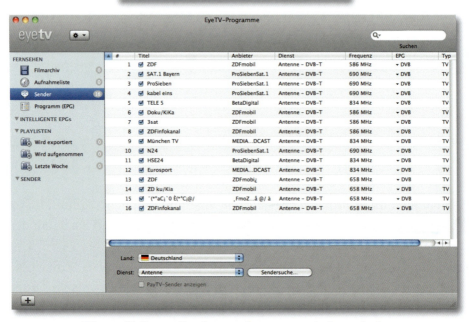

Die verfügbaren Sender werden automatisch entdeckt

Das geht auch ...

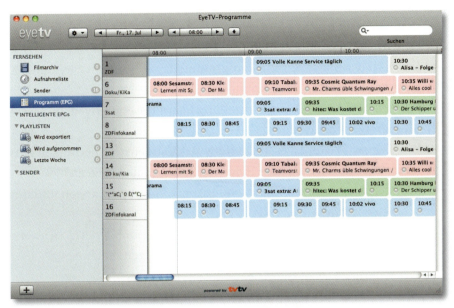

Aktuelle Programmübersicht

Wechseln Sie nun in die aktuelle Programmübersicht, um sich über die laufenden Sendungen zu informieren. Und sollten Sie einmal keine Zeit haben, so kann EyeTV die Sendung für Sie aufzeichnen.

Sendung aufzeichnen

Kapitel 7

Diese wird dann auf Ihrer Computerfestplatte abgelegt und wartet darauf, angesehen zu werden.

Aber EyeTV kann noch viel mehr:

- *Serien-Abonnement:* Einmal programmiert, versäumen Sie keine Ausstrahlung Ihrer Lieblingssendung mehr.
- *Kindersicherung:* Über die Einstellung *Eltern* lassen sich jedem Benutzer Altersfreigaben zuordnen.
- *WiFi-Access:* Weitere Geräte im Netzwerk können die Sendungen mitverfolgen. Selbst iPhones oder iPods touch haben darauf Zugriff.
- *Radiosendungen:* Selbst Radiosendungen können empfangen und mitgeschnitten werden.

Elgatos Produkte sind also allererste Wahl für den mobilen Mac-Anwender, der auch mal unterwegs seine TV-Sendungen verfolgen möchte.

> *Deutlich einfacher, aber dafür kostenlos ist die Software Zattoo. Diese finden Sie unter zattoo.com. Zudem benötigen Sie einen Account und können nun via Internet ganz einfach TV gucken.*

Kostenlose TV-Sendungen via Internet: Zattoo

Das geht auch ...

Windows Media Player

Viele Anwender setzen unter Windows den *Windows Media Player* ein, um Video- und Audiodateien damit zu begutachten. Den *Windows Media Player* gibt es für den Mac nicht mehr.

Diverse Mediaplayer für den Mac

Apple liefert natürlich eigene Player mit. Zum einen den *DVD Player*, zum anderen den *QuickTime Player*, um *QuickTime*-Streaming-Dateiformate, aber auch alle möglichen Arten von Sounddateien anhören zu können.

> Des Weiteren gibt es jede Menge weiterer kostenfreier Player, die Sie über das Internet beziehen können, wie beispielsweise den **RealPlayer**, um **Real**-Contents konsumieren zu können. Wenn Sie Video-CDs, DVDs oder DivX abspielen wollen, gibt es auch hierfür Player, wie zum Beispiel **VLC,** um Windows-Contents abzuspielen.

Instant Messaging am Mac

Die gängigsten Clients für Instant-Messaging-Programme wie *MSN Messenger, Yahoo Messenger, ICQ* etc. gibt es auch als downloadbare und freie Versionen für den Mac. Besser noch: Es gibt auch Programme, wie z. B. *Audium*, mit denen Sie eine ganze Reihe von Accounts versorgen können.

Kapitel 7

Chat und Instant Messaging

Steuern Sie einfach die Internetseite www.audium-x.com an und laden Sie sich diesen Client kostenfrei aus dem Internet herunter, um so mit vielen Ihrer Bekannten in Kontakt zu bleiben.

Natürlich gibt es für den Mac auch Skype und viele andere Programme, die Sie bislang gegebenenfalls unter Windows verwendet haben.

Viele nützliche Helfer gibt es auch für den Mac (links Skype, rechts OpenOffice)

Das geht auch ...

Unglaublich, aber wahr: Windows auf dem Mac

Boot Camp-Assistent

Apple selbst liefert bei Leopard eine Software mit, die es Ihnen ermöglicht, Windows auf Ihrem Mac zu installieren. Und weil die Hardware eigentlich identisch mit der eines Windows-Rechners ist, also eingebaute Intel-Prozessoren etc., läuft Windows in höchster Performance auf Ihrem Apple-Rechner.

> Sie müssen hierzu Ihre Festplatte vorbereiten, damit Sie Windows empfangen kann. Das Programm hierfür heißt **Boot Camp-Assistent**. Sie finden dieses Programm innerhalb des **Dienstprogramme**-Ordners.

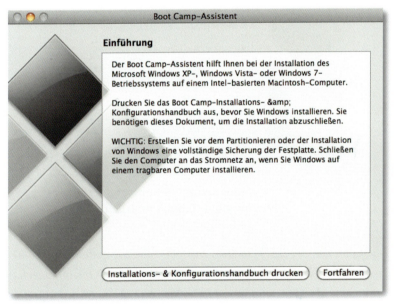

Boot Camp-Assistent

Und schon der erste Bildschirm, der erscheint, ist wichtig. Denn mit *Boot Camp-Assistent* ändern Sie die Aufteilung Ihrer Festplatte. Man spricht hier von Partitionierung. Wenn Sie die Partitionierung ändern, kann das durchaus dazu führen, dass Sie Daten verlieren. Ich habe es zwar in den vergangenen zwei Jahren noch nicht erlebt, aber Vorsicht ist die Mutter der Porzellankiste. Erstellen Sie also sicherheitshalber eine Kopie Ihrer Daten. Wenn Sie *Time Ma-*

chine verwenden, können Sie einfach auf *Weiter* klicken, denn Sie haben ja bereits eine vollständige Sicherungskopie der Daten auf einer anderen Festplatte.

> *Wenn Sie Windows auf einer extra Partition installiert haben, dann kümmert sich* **Time Machine** *lediglich um den Snow-Leopard-, nicht aber um den Windows-Bereich.*

Ist alles vorbereitet und gesichert, können Sie mit *Fortfahren* weitermachen. Der *Boot Camp-Assistent* muss eine Partition für Windows erstellen. Deswegen fragt er an, wie groß die Partition für das Betriebssystem Windows sein soll.

Partition für Windows erstellen

> *Abhängig von der Art des Windows-Systems, das Sie installieren, sollten Sie die Dimensionierung vernünftig vornehmen. Für Windows XP kann durchaus ein Bereich von mehr als 20 Gigabyte sinnvoll sein, wohingegen Sie für Windows VISTA mindestens 30 bis 40 Gigabyte vorhalten sollten.*

Zu dem Betriebssystem hinzu kommen natürlich alle Applikationen, die Sie dann innerhalb von Windows installieren werden, zum Beispiel die *Microsoft Office Suite* für Windows oder Spezialprogramme wie *AutoCAD* oder Ihre Gärtner- oder Buchhaltungssoftware etc. (Und natürlich auch Virenscanner und Spyware-Hunter ;-).)

Das geht auch ...

Überlegen Sie sich also vorher, wie groß Sie diese Partition haben möchten. Denn Sie können zwar nachträglich mit dem **Festplatten-Dienstprogramm** die Partition von der Größe her verändern, das führt aber im Regelfall dazu, dass das Windows-System nicht mehr arbeitet. Sie zerstören damit bei einer späteren Neupartitionierung Windows auf dem Rechner. Also prüfen Sie vorher, wie viel Platz Sie für das Windows-System benötigen werden.

Partitionierung war erfolgreich

Haben Sie sich für eine Größe entschieden, dann erscheinen wenig später zwei Festplattensymbole auf Ihrem Mac. Das eine ist Ihre bisherige Snow-Leopard-Installation und das andere ist die Festplatte, die Windows aufnehmen soll. Sie können nun fortfahren mit dem Button *Installieren*.

Windows-Installation

273

Danach startet Ihr Rechner neu, Sie legen die Windows-XP- oder Vista-CD oder -DVD ein, um mit der Installation zu beginnen, wie Sie es von Windows gewohnt sind.

> Wollen Sie zu irgendeinem späteren Zeitpunkt diese Partition wieder entfernen, dann tun Sie das auch mit dem Programm **Boot Camp**-Assistent.

Partitionierung wieder entfernen

Dabei verlieren Sie natürlich Ihr komplettes Windows-Betriebssystem sowie alle darin installierten Programme und Dateien.

Mit *Boot Camp* haben Sie also das Beste aus beiden Welten: eine Partition, auf der Snow Leopard mit höchster Performance läuft, und eine Partition, auf der Windows mit höchster Performance läuft. Das heißt: Sie können, wenn Sie mit Windows gestartet sind, ganz normal die USB-Anschlüsse Ihres Rechners verwenden, die FireWire-Anschlüsse, Bluetooth, die integrierte iSight-Kamera – einfach alles. Ihr Apple-Rechner verhält sich wie ein ganz normaler Windows-Rechner.

> *Sie sollten sich mit den Tastenkombinationen vertraut machen. Sie haben beim Mac eine andere Tastatur als bei einem Windows-PC.*

Das geht auch ...

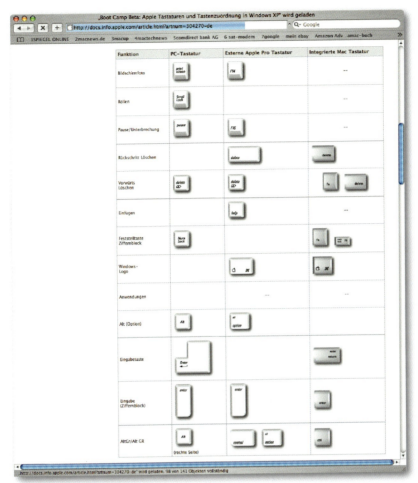

Tastenkombinationen für die Windows-Bedienung unter Boot Camp

Kontaktieren Sie hierfür zum Beispiel das Internet, um diese Tastenkombinationen herauszufinden, so dass Sie auch mit Ihrer Apple-Tastatur in der Lage sind, zum Beispiel @-Zeichen, Schrägstriche, Backslashes etc. einzugeben.

Es gibt zudem Programme, die Ihnen gewohnte Windows-Tasten auf die Apple-Tastatur bringen.

Kapitel 7

Tastenzuordnung ändern mit Remapkey oder Keyboard Remapper

Im Fall von *Remapkey* sehen Sie hierbei ein zweigeteiltes Fenster. Oben ist die Standardtastatur abgebildet und unten das neue Tastaturlayout. Ziehen Sie nun einfach die Funktion aus dem oberen Bereich in den unteren Teil des Fensters. So können Sie die Entfernen-Taste, die es auf einer Mac-Tastatur nicht gibt, beispielsweise auf eine Funktionstaste legen.

Sind alle Änderungen erfolgt, sind diese abzuspeichern.

Änderungen speichern

Klicken Sie dazu in der Symbolleiste das Icon auf der linken äußeren Position an – fertig!

> *Wie aber können Sie wählen, ob Sie nun mit Snow Leopard oder mit Windows starten wollen? Ganz einfach! Auf beiden Betriebssystemen können Sie für den nächsten Neustart vordefinieren, womit gestartet werden soll. Unter Leopard tun Sie dies unter* **Systemeinstellungen** *–>* **Startvolume**.

Das geht auch …

Startvolume wählen

Bei Windows gehen Sie hierzu in die *Systemsteuerung* und Sie finden einen neuen Eintrag, der *Boot Camp Control Panel* heißt.

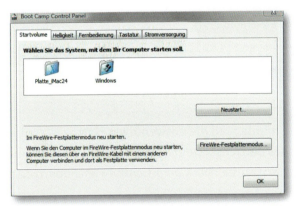

Boot Camp Control Panel unter Windows VISTA

Sie definieren damit, wie Ihr Rechner beim nächsten Neustart startet. Wollen Sie sich nicht vorab festlegen, dann können Sie sich beim Einschalten des Rechners auch noch entscheiden.

> Sie halten einfach nach dem Einschalten die **alt**-Taste gedrückt und schon erscheint auf dem Monitor die Auswahl, ob Sie mit Windows oder mit Snow Leopard booten wollen. Wählen Sie einfach einen der Punkte an, quittieren Sie Ihre Wahl mit **Return** und schon wird Ihr gewünschtes Betriebssystem gestartet.

Kapitel 7

Kommen wir noch einmal kurz zurück zur Installation von Windows auf Ihrem Rechner. Sie werden sich fragen: Woher nimmt Windows die Treiber, um die Apple-Hardware vernünftig ansprechen zu können. Sie haben Recht: Windows selbst hat keine Treiber, um die Apple-Hardware zu unterstützen.

> *Sobald die Windows-Installation abgeschlossen ist, sollten Sie den Snow-Leopard-Datenträger oder den, den Sie beim Kauf Ihres Rechners erhalten haben, noch mal einlegen und dort das **Boot Camp**-Installationsprogramm starten.*

Treiber für Windows installieren ...

Damit werden nämlich all die notwendigen Hardwaretreiber zur optimalen Unterstützung des Betriebssystems auf Ihren Mac geladen und installiert und auch das vorhin erwähnte *Boot Camp-Control-Panel* übertragen.

... und fertig

Das geht auch ...

Boot Camp ist eine klasse Geschichte, denn Sie haben das Beste aus beiden Welten – alles auf einem Rechner. Noch mal der Vorteil: Beide Betriebssysteme laufen mit absoluter Performance, weil entweder das eine oder das andere gestartet ist.

Beide haben umfassenden Zugriff auf die Hardware und können perfekt auf diese zugreifen. Lästig hierbei ist allerdings der Neustart. Das heißt, wenn Sie jetzt mit einem Programm aus der Windows-Umgebung arbeiten wollen, müssen Sie Ihren Rechner neu starten, um mit Windows zu booten.

Windows innerhalb einer Virtualisierung

Deswegen gibt es auch sogenannte Virtualisierungslösungen. Das heißt: Sie starten ausschließlich das Snow-Leopard-Betriebssystem. Sobald dieses gestartet ist, klicken Sie doppelt auf ein Programm und dieses Programm seinerseits startet ein abgespeichertes Windows-Betriebssystem. Wir kennen aktuell zwei vernünftige Lösungen, die diese Funktionalität bereitstellen: Die eine ist das Programm *Parallels Desktop* und die andere stammt von der Firma *VMWare* und heißt *Fusion*.

Virtualisierungslösungen: VMWare Fusion oder Parallels Desktop

> *Diese Programme müssen Sie erwerben und Sie müssen natürlich ebenso ein Windows-Betriebssystem erwerben, das Sie in diese Virtualisierung installieren. Das Gleiche gilt übrigens auch für **Boot Camp**. Apple liefert keine Windows-CD mit. Das heißt, Sie müssen sich noch zusätzlich Windows als Betriebssystem besorgen, um es innerhalb von **Boot Camp**, von **Parallels** oder **VMWare** installieren zu können.*

> *Der Vorteil der Virtualisierungslösung ist, dass Sie ein laufendes Leopard-Betriebssystem haben und gleichzeitig mithilfe von **Parallels** oder **VMWare** Windows starten können.*

Kapitel 7

Parallels Desktop startet

Wenn Sie *Parallels* starten und vielleicht sogar mehrere Windows-Versionen hierfür installiert haben, dann folgt die Auswahl, mit welcher Windows-Version Sie arbeiten möchten. Parallels kann auch auf Boot Camp zurückgreifen, was bisweilen eine etwas zähe, weil langsame Geschichte ist.

Und darüber hinaus habe ich noch Microsoft Windows 7 Ultimate installiert. *Parallels* bietet Ihnen also die Möglichkeit an, mehrere virtuelle Maschinen zu erzeugen. Und so können Sie sagen: Heute will ich mit Windows 7 Ultimate arbeiten, morgen will ich mit VISTA booten, übermorgen *Boot Camp* verwenden und tags darauf starte ich Linux. Ich wähle in meinem Fall Windows 7 aus und boote die Umgebung.

Es funktioniert!

Das geht auch ...

Und Sie sehen jetzt auf dem Macintosh-Schreibtisch ein Fenster, in dem tatsächlich Windows läuft! Beide Programme, sowohl *VMWare* als auch *Parallels*, bieten für den einfachen Datenaustausch die Option, dass man Ordner definiert, die gemeinsam verwendet werden können, also sowohl aus der Mac-Umgebung als auch aus der Windows-Umgebung, was den Datenaustausch natürlich enorm vereinfacht.

Datenaustausch mit Parallels Desktop

Parallels-C:/-Partition auf dem Schreibtisch des Macs

Damit kann man aus *Parallels* heraus die komplette Windows-Festplatte auf dem Mac als Netzlaufwerk erscheinen lassen und so sehr bequem und komfortabel Daten austauschen.

Diese Lösung scheint ja nahezu perfekt zu sein! Hat sie denn auch Nachteile? Ja, natürlich. Mehrere Dinge wären hier zu erwähnen:

1. Beide Betriebssysteme teilen sich den Prozessor, den Arbeitsspeicher und die Hardwareperipherie. Das heißt, wenn Sie also nun lediglich ein Gigabyte Arbeitsspeicher in Ihrem Rechner haben und davon das Snow-Leopard-Betriebssystem schon die Hälfte benötigt, dann ist nur noch die andere Hälfte für Windows übrig. Starten Sie weitere Programme unter Mac OS X und unter Windows, könnte es schwierig werden, was die Arbeitsspeicherzuordnung

281

angeht. Gleiches gilt natürlich auch bei der Prozessorrechenleistung, die sich auf zwei Betriebssysteme verteilen muss, so dass die Virtualisierung dann doch deutlich langsamer läuft, als wenn Sie nativ das Betriebssystem über *Boot Camp* starten. Und schließlich zu den Peripheriegeräten: Wenn Sie per USB oder FireWire Geräte anstecken, ist immer fraglich, welches der beiden Betriebssysteme sich nun um diese Peripheriegeräte kümmert.

2. Wenn Sie mit *Time Machine* arbeiten, dann macht *Time Machine* jede Stunde ein Komplett-Backup Ihrer *Parallels*-Umgebung. Warum? Ihre *Parallels*-Festplatte wird standardmäßig in Ihrem *Homeverzeichnis* abgelegt. Und dort liegt nun beispielsweise eine 20-Gigabyte-Datei, in der Ihre gesamte Windows-Umgebung steckt. Nachdem Sie mit Windows gearbeitet haben, ändert sich immer das Datum Ihrer Windows-Umgebung, und so wird *Time Machine* immer die 20 Gigabyte ganz brav auf den Backup-Datenträger übernehmen.

> *Sollten Sie also mit* **Parallels Desktop** *oder* **VMWare Fusion** *in einer virtualisierten Umgebung arbeiten, ist es ratsam, diesen Bereich vom* **Time Machine**-*Backup auszunehmen. Damit haben Sie natürlich aber auch keine Sicherungskopie dieser Windows-Partition.*

Sofern Sie Parallels Desktop verwenden, können Sie sehr einfach die Tastenzuordnungen definieren. Starten Sie dazu Ihre virtuelle Maschine und wählen dann den Menüpunkt *Parallels Desktop –> Einstellungen* an. Unter *Tastatur* finden Sie schon eine Reihe nützlicher vordefinierter Shortcuts. Fügen Sie hier nach Belieben weitere hinzu. Eine gute Idee ist es beispielsweise, das @-Zeichen (Windows: *AltGr + Q*) auf *alt + L* zu legen und damit die Mac-Tastenkombinationen zu verwenden.

Das geht auch …

Parallels Desktop erlaubt die Definition von Shortcuts

Kapitel 8:
Wenn es mal Probleme geben sollte

Kapitel 8

Wenn es mal Probleme geben sollte

Sie haben sich den Mac ja deswegen geholt, weil er landauf und landab als ein sehr zuverlässiger Helfer bekannt ist. Das kann ich nur bestätigen. Funktioniert tatsächlich mal etwas nicht so, wie Sie es erwarten, dann müssen Sie versuchen, den Fehler zu finden. Ich gebe Ihnen einige wesentliche Tipps und Hinweise, mit denen Sie die meisten Fehler relativ einfach beheben können.

1. Ein Programm reagiert nicht mehr

... oder tut nicht mehr das, was es tun soll, vielleicht ist es auch eingefroren. Dann ist es allerhöchste Zeit, das Programm aus dem Arbeitsspeicher zu entfernen. Gehen Sie hierzu zum Beispiel in das -Menü und wählen den Eintrag *Sofort beenden* aus. Alternativ dazu können Sie auch die Tastenkombination *cmd + alt + Escape* verwenden.

Programme sofort beenden

Hier sehen Sie eine Liste aller Programme, die aktuell gestartet sind. Das Programm, das Ihnen den Ärger verursacht, sollten Sie anklicken und dann mit *Sofort beenden* aus dem Arbeitsspeicher entfernen. Bitte achten Sie darauf, dass hierbei natürlich nicht gespeicherte Dateiinhalte dieses Programms verloren gehen.

Wenn es mal Probleme geben sollte

Hernach sollten Sie das Programm einfach noch einmal starten. Es ist nicht notwendig, den Rechner neu zu starten oder andere Dinge zu tun – versuchen Sie einfach, das Programm erneut zu starten. Im Regelfall wird es dann seinen Dienst wieder aufnehmen.

Tut es das nicht, dann haben Sie ein generelles Problem, möglicherweise mit dem Programm oder Ihren Einstellungen. Um die Einstellungen zu überprüfen, Tipp 2:

2. Macht ein Programm regelmäßig oder auch unregelmäßig Ärger

... dann gibt es einen supersimplen Trick, der Ursache auf die Schliche zu kommen. Sie sollten über administrative Rechte verfügen und in den *Systemeinstellungen* –> *Benutzer* einen neuen Benutzer generieren. Ich nenne diesen meistens *Test* und vergebe ihm auch das gleichnamige Kennwort. Sodann logge ich mich als *Test*-User ein und starte das betreffende Programm.

Nachdem ich als *Test*-User vermutlich das Programm zum allerersten Mal starte, werden grundsätzliche Dateien auch zum ersten Mal für diesen *Test*-User angelegt. Arbeitet das Programm wunschgemäß, dann habe ich die absolute Sicherheit, dass Einstellungsdateien dieses Programms beim regulären Benutzer nicht korrekt sind. Arbeitet auch hier das Programm nicht, erweisen sich die gleichen Fehler, so habe ich ein Problem mit dem Programm, das ich vielleicht über eine Aktualisierung beseitigen kann.

Kommen wir zurück zu der Annahme, dass das Programm beim *Test*-User tadellos funktioniert und beim regulären User nicht. Jede Applikation, die Sie als Anwender starten, legt sich im *Benutzerordner* und dort genauer unter *Library* und *Preferences* Konfigurationsdateien ab. Diese *Preference*- oder *Konfigurationsdateien* könnten Sie testhalber auf den Schreibtisch verschieben, um das Programm einmal ohne diese zu starten.

Kapitel 8

Preferences-Ordner

Wie Sie anhand des Screenshots sehen, habe ich aktuell den Settings-Ordner für das Programm *Adobe Photoshop CS5* markiert. Das heißt: Immer wenn Photoshop startet, liest es die dort hinterlegten Konfigurationen aus. Ziehen Sie einfach diesen Ordner testhalber auf den *Schreibtisch* und starten Photoshop erneut. Photoshop legt sich diesen Ordner neu an. Wenn nun alles problemfrei funktioniert, waren die Grundeinstellungen des Programms Photoshop Ursache des Problems. Mit der Idee, einen *Test*-User anzulegen, die Anwendung auszuprobieren und dann eventuell die Software zu aktualisieren oder an den *Preferences* zu arbeiten, können Sie im Regelfall 97 Prozent aller Problemfälle beseitigen.

Wenn es mal Probleme geben sollte

3. Problem: Der Internetzugang funktioniert nicht

Hierfür hat Apple ein Programm mitgeliefert. Sie finden dieses in den *Systemeinstellungen* bei *Netzwerk*. Klicken Sie hier auf *Assistent* und dann auf *Diagnose*.

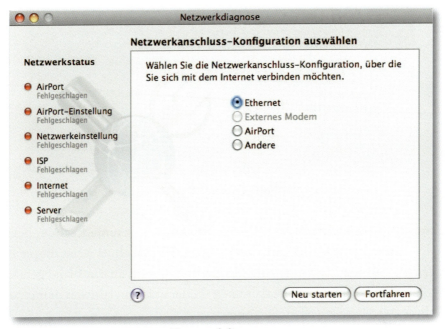

Netzwerkdiagnose

Schritt für Schritt führt Sie die *Netzwerkdiagnose* durch die Einstellungen, die den Internetzugang betreffen. Sie können hier verschiedene Parameter ausprobieren, um festzustellen, warum die Internetverbindung nicht mehr funktioniert. In den allermeisten Fällen war bei Problemschilderung durch andere Anwender folgende Situation gegeben: Der Internetprovider hatte ein Problem in der Zurverfügungstellung des Internetanschlusses.

> *Das heißt: Das Problem lag hinter dem Router oder hinter der DSL-Leitung und war nicht ein Problem des Apple-Rechners oder der anderen Rechner im Netzwerk. Sie sollten also als Allererstes an Ihrem Router oder DSL-Modem prüfen, ob Sie noch ein Signal haben, bevor Sie wie wild am Mac die Netzwerkeinstellungen überprüfen.*

Kapitel 8

4. Kernel-Panik

> You need to restart your computer. Hold down the Power button for several seconds or press the Restart button.
>
> Veuillez redémarrer votre ordinateur. Maintenez la touche de démarrage enfoncée pendant plusieurs secondes ou bien appuyez sur le bouton de réinitialisation.
>
> Sie müssen Ihren Computer neu starten. Halten Sie dazu die Einschalttaste einige Sekunden gedrückt oder drücken Sie die Neustart-Taste.
>
> コンピュータを再起動する必要があります。パワーボタンを数秒間押し続けるか、リセットボタンを押してください。

Wow – Kernel-Panik!

Sollten Sie diesen Bildschirm bei der Arbeit an Ihrem Apple-Rechner bekommen, dann haben Sie ein dickeres Problem. Im Regelfall weist dieser Bildschirm darauf hin, dass entweder das Betriebssystem an die Wand gefahren ist – das sollte so gut wie nie vorkommen –, oder er ist ein Hinweis darauf, dass an Ihrer Hardware etwas nicht stimmt.

In 99 Prozent aller Fälle habe ich folgende Erfahrung gemacht: Wenn Anwender darüber klagen, dass die Kernel-Panik in unregelmäßigen Abständen auf ihrem Bildschirm erscheint, waren die Arbeitsspeichermodule, die in dem Rechner verbaut sind, defekt. Kontaktieren Sie also in diesem Fall den Händler Ihres Vertrauens, damit er sich dieser Sache annehmen kann. Ich habe nur in Ausnahmefällen erlebt, dass eine Kernel-Panik erscheint, wenn das Betriebssystem Ärger bereitet.

Wenn es mal Probleme geben sollte

5. Apple Hardware Test

Neben dem RAM könnten auch andere Hardware-Bestandteile für Fehlfunktionen verantwortlich sein. Herausfinden können Sie das über den Apple Hardware Test. Dazu legen die bei Ihrem Rechner mitgelieferte DVD (*Apple Applications Install DVD*) ein und starten den Rechner neu während Sie die *Taste D* gedrückt halten, bis der Test erscheint.

> Stecken Sie hierfür alle per Kabel angeschlossenen externen Geräte ab.

Apple Hardware Test

Nach der Sprachauswahl (Cursortasten und Return), entscheiden Sie sich dann für den ausführlichen oder einfachen Test. Wird ein Fehler gefunden, so gibt der Test einen Code aus. Diesen sollten Sie sich notieren und dann zum Fachhändler gehen oder telefonisch bei Apple durchgeben.

Sollten Sie sich telefonisch erkundigen, dann könnte es sein, dass Ihr Gegenüber „unangenehme" Fragen stellt. So will er möglicherweise die Seriennummer Ihres Gerätes wissen und andere Details.

Seriennummer Ihres Rechners

291

Diese finden Sie entweder als Aufdruck auf der Unterseite Ihres Rechners oder durch das -Menü und *Über diesen Mac*. Dort erscheint zunächst die Version Ihre Betriebssystem. Klicken Sie dort erneut, um die Seriennummer einsehen zu können.

Sobald Sie auf *Weitere Informationen* gehen und damit den *System-Profiler* starten, erhalten Sie zusätzliche technische Auskünfte, die Ihr Gegenüber möglicherweise benötigt.

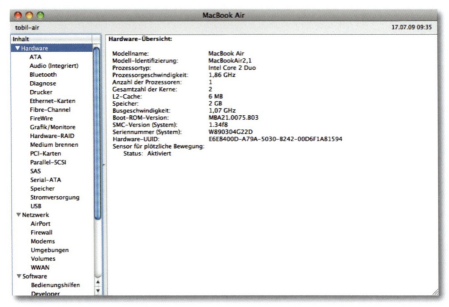

System-Profiler

Wie aber führen Sie einen Hardware-Test auf einem MacBook Air aus, das kein optisches Laufwerk besitzt, bzw. bei einem Rechner, dessen Laufwerk mit einer CD oder DVD versperrt bzw. kaputt ist?

> *Sollten Sie einmal ein Problem mit einem optischen Datenträger haben, der sich nicht mehr auswerfen lässt, dann versuchen Sie es bitte nicht mit Gewalt. Starten Sie Ihren Rechner neu und halten dabei die Trackpad-Taste (Maustaste) gedrückt. Daraufhin versucht der tragbare Mac, den Datenträger auszuwerfen. Gelingt auch das nicht, ist der Gang zum Händler nicht mehr abzuwenden.*

Aber zurück zum Hardware-Test bei fehlendem optischen Laufwerk. Starten Sie an einem anderen Mac-Rechner das Programm *Entfernte Mac OS X Instal-*

Wenn es mal Probleme geben sollte

lation. Dieses finden Sie im *Dienstprogramme*-Ordner. Und legen Sie dort die für den „kranken" mobilen Mac notwendige DVD ein.

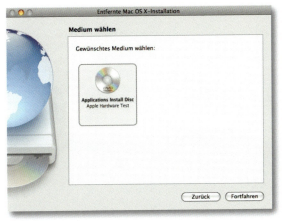

Ein anderer Rechner stellt die Diagnose-DVD per Airport zur Verfügung

Am MacBook Air starten Sie nun bei gedrückt gehaltener *alt-Taste* neu.

Der zu überprüfende Rechner muss neu gestartet werden

DVD erscheint auf dem MacBook Air

Sofern eine Verbindung via Airport besteht, müssen Sie sich mit dem MacBook Air zunächst in das Netzwerk einloggen und sodann sollten die DVD als zweites Startlaufwerk erscheinen. Klicken Sie dies an, um den Hardware-Test auszuführen.

Wenn es mal Probleme geben sollte

6. Probleme beim Starten

Will der Rechner nach dem Einschalten nicht starten, dann sollten Sie folgende Dinge ausprobieren:

- Löschen des sogenannten Parameter-RAMs: Halten Sie die Tasten *cmd + alt + P + R* gedrückt. Tun Sie das so lange, bis der Startton ein zweites Mal ertönt.
- Bringen Sie Ihren mobilen Mac auf die Werkseinstellungen zurück. Keine Angst – dabei werden keinerlei Daten gelöscht. Drücken Sie dazu auf Ihrer Tastatur im linken Bereich gleichzeitig die ⇧ + *alt* + *ctrl-Taste* und halten dazu noch die Einschalttaste gedrückt. Das Ganze tun Sie für fünf Sekunden und sodann startet Ihr Rechner neu durch.
- Legen Sie die Installations-DVD ein und starten via Gedrückthalten der *Taste C* von diesem Medium. Nach der Auswahl der Sprache erscheint die Menüleiste. Dort finden Sie die *Dienstprogramme* und lassen mal das *Festplatten-Dienstprogramm* sowohl den Datenträger als auch die Zugriffsrechte überprüfen. Sollten insbesonder beim Überprüfen des Datenträgers Probleme auftreten, dann kann Ihnen auch hier der Fachhandel weiterhelfen. Wurden Probleme erfolgreich repariert, beenden Sie das Festplatten-Dienstprogramm, wechseln zum *Startvolume* und versuchen erneut, von der Festplatte zu starten

Fitnesstraining für Ihren Mac

Damit Ihr Apple-Rechner auch immer zuverlässig mit Ihnen arbeitet, sollten Sie ab und an kleine Fitnessübungen mit ihm durchführen, damit er seinen Dienst für Sie klaglos verrichtet. Vier Fitnessübungen würde ich Ihnen aus meiner Erfahrung anraten.

A. Softwareaktualisierung

Über die *Softwareaktualisierung* halten Sie Ihr Betriebssystem und die Apple-Programme up to date. Meist werden mit den *Softwareaktualisierungen* Zusatzfunktionen bereitgestellt oder kleinere existierende Fehler ausgebügelt. Es ist also durchaus eine sinnvolle Geschichte, ab und an die *Softwareaktualisierung*

Kapitel 8

zu starten. Am einfachsten gehen Sie hierzu links oben in das -Menü und starten dort die *Softwareaktualisierung*.

Softwareaktualisierung

Möglicherweise bekommen Sie über diverse Internetseiten und Medien auch die Information, dass es ein neues Betriebssystem gibt oder neue Patches für Ihre Apple-Programme. Über die **Softwareaktualisierung** ist all dies auffindbar und ausführbar.

Updater von Adobe (links) und Microsoft (rechts).

Wenn es mal Probleme geben sollte

> *Berücksichtigen Sie bitte, dass andere Softwarehersteller im Regelfall eigene Programme bei der Installation mitgeliefert haben, um ihre Programme auf dem aktuellen Stand, also fit zu halten. Zum Beispiel die Firma Adobe legt ihre Updater-Programme in den **Dienstprogramme**-Ordner, bei Microsoft-Programmen hingegen liegt das Update-Programm im Microsoft-Ordner.*

B. Festplatten-Dienstprogramm

Wenn Sie viele Dinge installieren und deinstallieren, dann kann es ab und zu sein, dass auf der Struktur Ihrer Festplatte etwas durcheinandergerät. Erste Anlaufstelle in diesem Fall ist das *Festplatten-Dienstprogramm*. Das *Festplatten-Dienstprogramm* bietet Ihnen die Eigenschaften, Ihr Volume zu überprüfen, sowie die Zugriffsrechte auf Ihrem Volume reparieren zu lassen.

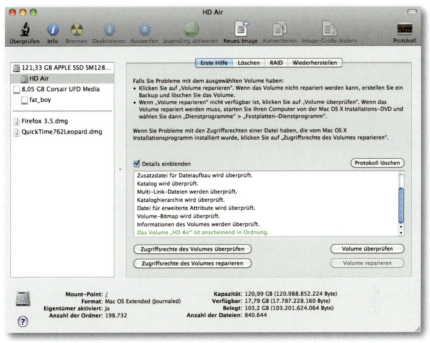

Festplatten-Dienstprogramm

Im Regelfall ist nach der Reparatur der Zugriffsrechte wieder alles in Ordnung. Wird hingegen bei *Volume überprüfen* ein Fehler gemeldet, dann müssen Sie mit der beim Kauf beigelegten Installations-DVD Ihren Rechner booten

Kapitel 8

und über die *Dienstprogramme* erneut das *Festplatten-Dienstprogramm* aufrufen. So erhalten Sie die Möglichkeit, Ihren Datenträger auch reparieren zu können.

> *Die Sache verhält sich also so, dass sich der Rechner nicht reparieren kann, solange er von seinem eigenen Betriebssystem gebootet ist. Deshalb booten Sie von einem Fremddatenträger, um in die Reparaturmechanismen einsteigen zu können. Aus meiner Erfahrung heraus hatte ich in den letzten sechs, sieben Jahren niemals Probleme mit meinen in den Apple-Rechnern eingebauten Festplatten.*

Übrigens existiert bei Windows-Rechnern die Angewohnheit, die Festplatte öfter zu defragmentieren, also Dateiteile, die über die gesamte Festplatte verstreut sind, wieder an einem Ort zusammenzuführen. Dieses Defragmentieren erledigt das Apple-Betriebssystem im Hintergrund automatisch. Alle Dateien, die etwa in der Größenordnung bis 20 Megabyte sind, werden permanent vom UNIX-Betriebssystem aus dem Hause Apple defragmentiert. Somit bleibt die Festplatte lange Zeit sehr, sehr performant und wird nicht langsamer, was den Dateizugriff angeht.

C. Yasu

Es gibt eine kostenfreie Software mit dem Namen *Yasu*. Diese Software ist in der Lage, bestimmte Pufferspeicher zu entleeren. Denn alles, was Sie an Ihrem Rechner tun, wird an verschiedenen Stellen gepuffert: heruntergeladene Internetseiten, Verbindungen zu Servern, geladene und später wieder nicht mehr zur Verwendung kommende Schriften etc.

> *Das Programm **Yasu**, das ich etwa alle vier bis sechs Wochen einmal an meinem Rechner durchlaufen lasse, räumt alle diese Puffer und Cachespeicher leer, so dass sie mein Rechner danach quasi wieder jungfräulich füllen kann. Und damit habe ich schon ab und an eine Fehlfunktion ausgleichen können. Fehlfunktionen treten beispielsweise bei Internetseiten auf, weil diese zwischengespeichert worden sind, oder auch ab und an bei der Verwendung von vielen Schriften am Mac.*

Wenn es mal Probleme geben sollte

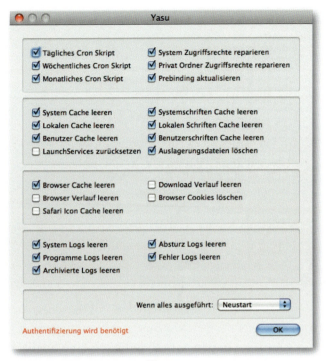

Yasu

D. Reparaturfunktionen beim Booten

Noch rudimentärer sind die Reparaturmechanismen beim Start im sogenannten Single-User-Mode. Schalten Sie dazu Ihren Rechner aus. Kurz nach Einschalten des Rechners drücken Sie die Tastenkombination *cmd + S*. Damit gelangen Sie in den sogenannten Single-User-Mode. Es erscheinen Befehlszeilen und damit nicht die grafische Oberfläche von Mac OS X. Nach wenigen Sekunden bleiben die Befehlszeilen stehen und Sie können nun einen Befehl eingeben. Dieser lautet: `fsck -fy`.

Kapitel 8

Reparatur im Single-User-Mode.

Bitte passen Sie auf! Sie haben aktuell lediglich eine englische Tastaturbelegung. Das Minus finden Sie auf der Taste des scharfen S und das Y ist mit dem Z vertauscht. Bei dieser Prüfroutine wird erneut die Integrität des Datenträgers gecheckt. Treten hierbei Probleme auf, dann lassen Sie einfach dieses Programm noch einmal durchlaufen. Dies führen Sie dadurch aus, dass Sie mit der *Pfeiltaste nach oben* den Befehl wiederholen und ihn mit *Return* abschicken. Lassen Sie die Prüfroutine `fsck` so oft wiederholen, bis kein Fehler mehr gemeldet wird. Ist dies nicht möglich, dann verweise ich auf die Software von Drittanbietern wie DiskWarrior. Wenn Sie nach erfolgreicher Prüfung mit `fsck -fy` alle Aufgaben erledigt haben, können Sie Ihr Betriebssystem durch die Eingabe des Befehls `exit` erneut starten.

Weiterhin haben Sie vorhin mit Yasu Cache-Dateien gelöscht. Nicht ganz so umfangreich kann es auch das Betriebssystem. Halten Sie nur die ⇧-Taste beim Neustart so lange gedrückt, bis ein Balken unterhalb des Apfels erscheint. Sie verwenden nun den *Sicheren Systemstart*. Dabei werden nur Apple Systemkomponenten geladen und Caches geleert. Außerdem werden Startobjekte nicht ausgeführt und das Anmeldefenster erscheint. Loggen Sie sich ein. Hernach können Sie wieder einen normalen Neustart durchführen.

Wenn es mal Probleme geben sollte

E. Aufspielen der aktuellen Firmware

Die sogenannten SMC-Firmware-Updates sind Firmware-Aktualisierungen des System Management Controllers (SMC) für Intel-basierte Computer. Der SMC ist die Steuerung auf der Hauptplatine, die alle stromversorgungsrelevanten Funktionen des Computers steuert. Das sind u. a. folgende Funktionen:
- Strom- und Temperaturverwaltung, Ruhemodus-LED und Batterie
- Steuerung des Lüfters, des Sensors für plötzliche Bewegung und des Ein-/Ausschalters

Der Sudden Motion Sensor (Sensor für plötzliche Bewegung) ist ein von Apple patentiertes Verfahren, um bei plötzlichen Bewegungen die Schreib- und Leseköpfe der Festplatte sofort zu parken. Somit wird die Festplatte vor Beschädigungen und Datenverlust geschützt.

Wenn Sie hierbei Fehlfunktionen vermuten, dann sollten Sie prüfen, ob ein Firmware-Update oder SMC-Update notwendig sein könnte.

Versionen prüfen

Auf den Apple-Supportseiten im Web finden Sie die aktuellsten Versionen. Vergleichen Sie diese mit der Version auf Ihrem Rechner.

Kapitel 8

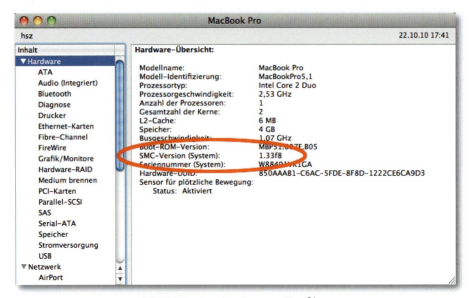

SMC-Version im System-Profiler

Und falls eine neuere vorliegen sollte, installieren Sie diese einfach.

> *Oftmals werden Sie diese Updates automatisch über die Softwareaktualisierung frei Haus geliefert bekommen, so dass Sie sich hierüber keine Sorgen machen müssen.*

Wenn es mal Probleme geben sollte

Kapitel 9:
Akkulaufzeit optimieren

Kapitel 9

Akkulaufzeit optimieren

Akkulaufzeit in der Menüleiste

Zu guter Letzt noch einige Tipps und Ratschläge, wie Sie die Akkulaufzeit Ihres mobilen Rechners verlängern können.

> *Im Vergleich zu anderen Betriebssystemen geht Mac OS X sehr schonend mit dem Akku um, so dass Sie, ohne viel Aufhebens zu machen, automatisch eine sehr akzeptable Akkuleistung haben werden.*

Energiefresser Nummer 1: der Bildschirm

Die meiste Energie benötigt Ihr Bildschirm. Um hier Akkulaufzeit zu gewinnen, gibt es folgende Tipps:

- Verringern Sie während des Arbeitens die Monitorhelligkeit (F1) so weit es möglich ist.
- Wenn Sie eine kürzere Pause machen, schicken Sie Ihren Rechner in den Ruhezustand.
- Bei längeren Pausen sollten Sie den Rechner ausschalten. Ich pflege bei Unterbrechungen von mehr als zwei Stunden den Rechner abzuschalten, anstatt ihn im Ruhezustand zu belassen.
- Wenn Sie eine Pause einlegen, sollten Sie auf den Bildschirmschoner verzichten. Schalten Sie ihn also am besten komplett aus.
- Deaktivieren Sie die automatische Helligkeitsregelung und stellen diese manuell ein (F1 und F2).

Akkulaufzeit optimieren

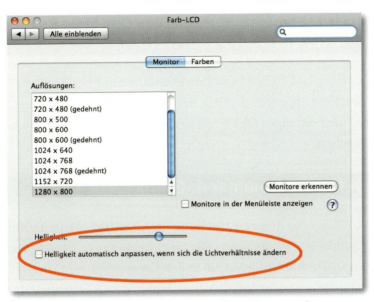

Ausschalten der automatischen Helligkeitsregelung

Energiefresser Nummer 2: Airport und Bluetooth

Sobald Airport oder auch Bluetooth eingeschaltet sind, suchen beide stets nach Geräten, mit denen Sie kommunizieren können. Deshalb sollten Sie, um Akkulaufzeit zu gewinnen, beide bei Nichtverwendung deaktiveren.

Am schnellsten und einfachsten gelingt dies über die dazugehörigen Icons in der Menüleiste.

Airport und Bluetooth können ganz einfach deaktiviert werden

307

Kapitel 9

Energiefresser Nummer 3: USB-Geräte, optisches Laufwerk

USB-Sticks oder UMTS-Sticks wollen ebenfalls mit Energie versorgt werden. Stecken Sie diese ab, wenn sie nicht benötigt werden. Klare Sache: Wenn Sie z. B. einen Film von einer DVD anschauen, wird Ihr Akku deutlich schneller schlapp machen.

Energiefresser Nummer 4: Grafikkarte

Sofern Sie einens der neueren MacBook Pros besitzen, dann hat Ihr Computer zwei Grafikkarten eingebaut. Die leistungsfähigere benötigt leider auch mehr Energie. Deshalb erhalten Sie in den *Energie sparen*-Einstellungen einen Wechselschalter, mit dem Sie sich zwischen höherer Leistung oder längerer Batterielaufzeit entscheiden können. Wird die Auswahl geändert, müssen Sie sich als Anwender ab- und erneut anmelden, um die Änderung wirksam wird.

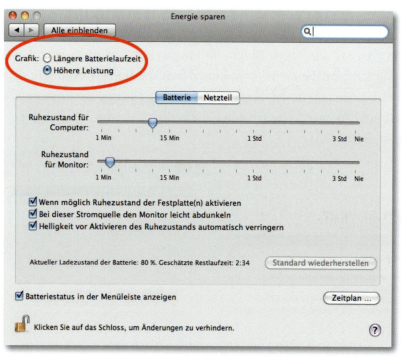

Wahlmöglichkeit: Höhere Leistung oder längere Batterielaufzeit

Akkulaufzeit optimieren

Generell sollten Sie bei *Energie sparen* die verfügbaren Sparoptionen verwenden.

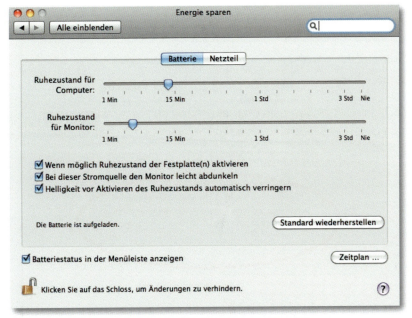

Einstellungen für den Batteriebetrieb

Verwenden Sie möglichst kurze Zeiten für den Ruhezustand. Vor allem der Bildschirm sollte zügig in Pausen geschickt werden, und durch das leichte Abdunkeln und Verringern der Helligkeit vor dem Ruhezustand holen Sie etwas mehr aus Ihrem Akku heraus.

Die Festplatte baldigst in den Ruhezustand zu bringen, hat oftmals nur geringen Effekt. Speichern Sie z. B. eine Datei, muss die Platte wieder anlaufen und schon haben Sie wohl mehr Energie verbraucht als das gleichmäßige Drehen erfordert hätte.

Kapitel 9

Energiefresser Nummer 5: Tastaturhintergrundbeleuchtung

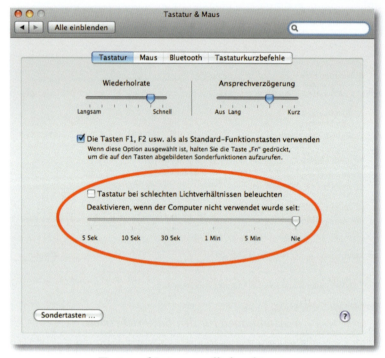

Tastaturhintergrundbeleuchtung

Deaktivieren Sie diese Funktion wenn möglich. Andernfalls stellen Sie ein kurzes Zeitintervall ein, um sie bei Nichtverwendung rasch abzuschalten. Verwenden Sie zudem die *Taste F5*, um die Helligkeit auf ein notwendiges Minimum herabzusetzen.

Energiefresser Nummer 6: Festplatte

Keine Frage – die sich ständig drehende Festplatte benötigt ebenfalls Energie. Nun könnte diese über die *Energie sparen*-Einstellungen stets möglichst rasch in den Ruhezustand gebracht werden, was aber – wie schon berichtet – meist nicht allzu viel bringt.

Deutlich energieeffizienter sind die sogenannten SSD-Festplatten (Solid State Disk). Meist auf der Basis von Flashspeichern hergestellt, benötigen diese aufgrund der fehlenden Mechanik spürbar weniger Strom.

Akkulaufzeit optimieren

Für Sie, als Anwender eines mobilen Macs, ist zudem die Unempfindlichkeit bei Stößen ein nicht zu unterschätzendes Argument. Wem beim Herabfallen seines tragbaren Rechners schon mal die interne Festplatte auf Nimmerwiedersehen kaputtging, der versteht das Argument auf Anhieb.

Und noch ein Drittes spricht für den Einsatz in mobilen Rechnern: die im Vergleich zu herkömmlichen Festplatten dramatisch schnellere Lesegeschwindigkeit. So benötigt mein MacBook Air mit einer SSD-Platte vom Einschalten bis zum Starten der drei wichtigsten Programme (Safari, Mail, iCal) nur ganze 30 Sekunden!

Falls Sie ernsthaft darüber nachdenken, Ihre Festplatte durch eine SSD zu ersetzen, dann fragen Sie einfach bei Ihrem Händler nach. Er wird Ihnen sicher ein gutes Angebot mahen und die bestehenden Daten auf Ihre neue SSD überspielen.

Energie sparen hin oder her – mit einem tragbaren Mac haben Sie eine gute Wahl getroffen. In vielen Tests wird den mobilen Mac-Rechner im Vergleich zu den PC-Geräten eine von Haus aus sehr gute Akkuleistung bescheinigt. Mit den genannten Tipps können Sie unter Umständen noch 15 bis 20 Prozent Laufzeit hinzugewinnen.

Hibernation

Doch irgendwann ist der Akku aufgebraucht und Ihr Mac wird Sie nun entsprechend darauf hinweisen.

Akkulaufzeit neigt sich dem Ende zu

Es ist nun an der Zeit, den Rechner via Netzteil aufzuladen, um weiterarbeiten zu können. Was aber geschieht, wenn Sie nicht rechtzeitig eine Steckdose erreichen? Der Hinweistext sagt es bereits aus: Ihr Rechner wird dann zwangsweise in den Ruhezustand gebracht. Aber noch etwas geschieht, bevor dieser eingeläutet wird: Der aktuelle Inhalt Ihres Arbeitsspeichers wird auf die

Festplatte ausgelagert (Hibernation oder Supend-to-Disk). Das hat für Sie als Anwender den enormen Vorteil, dass Sie nach Erreichen einer Stromquelle die Arbeit unmittelbar dort fortsetzen können, wo Sie vorher aufhören mussten.

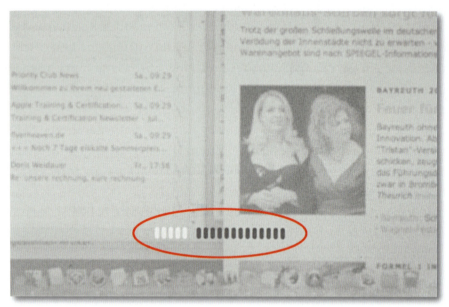

Beim Aufwachen wird der RAM-Inhalt wiederhergestellt.

Um den Rechner wieder in Aktion zu versetzen, drücken Sie kurz den Ein-/Ausschaltknopf. Sogleich sehen Sie am unteren Bildschirmrand eine Reihe dunkler Balken, die sukzessive weiß gefüllt werden. Der vorher ausgelagerte RAM-Inhalt, der sich nun auf der Festplatte befindet, wird zurück in den Arbeitsspeicher transportiert. Damit kann in wenigen Sekunden direkt weitergearbeitet werden, ohne dass Daten verloren gingen oder gar ein Neustart notwendig war.

SmartSleep

SmartSleep ist eine kostenlose Systemerweiterung und gibt dem Anwender volle Kontrolle über die Energiesparmodi des Macs. Sie können damit das Verhalten des Macs individuell anpassen.

Standardmäßig verwaltet das System selbst, wann es welchen Modus für den Ruhezustand nutzt. Mit SmartSleep kann der Nutzer selbst wählen. Dabei haben Sie die Auswahl zwischen vier Modi: die Standardeinstellung *sleep & hi-*

bernate, sleep, hibernate only und smart sleep. Im zuletzt genannten Modus nutzt der Rechner die sleep-Variante bis ein selbst gewählter Batteriestand erreicht ist, und danach den hibernate-Modus. Die kostenlose Software können Sie unter *http://www.jinx.de/SmartSleep.html* herunterladen.

SmartSleep

Kapitel 10:
Tastenkürzel

Tastenkürzel

Coole Tastenkombinationen für Mac OS X 10.6

Anbei finden Sie eine Übersicht der vielen möglichen und einsetzbaren Shortcuts bei der Arbeit mit Snow Leopard. Viele davon haben wir im Buch schon beschrieben – die eine oder andere Tastenkombination blieb bis hierhin allerdings unerwähnt.

Viel Spaß beim Ausprobieren!

Startvorgang	
Ein anderes Startvolume als Standard auswählen	cmd + alt + ⇧ + Backspace
Von CD booten	C gedrückt halten beim Startvorgang
Sucht einen Netboot-Server, um davon zu starten	N beim Starten gedrückt halten
Target-Disk-Modus	T beim Starten gedrückt halten
Sicherer Systemstart	⇧-Taste beim Starten drücken
Verbose Mode	cmd + V beim Starten drücken
Single-User Mode	cmd + S beim Starten drücken
Parameter-RAM löschen	cmd + alt + P + R festhalten, bis Warnton dreimal abgespielt wird
Maustaste beim Start gedrückt halten	CD/DVD auswerfen
Anmeldefenster erzwingen	⇧-Taste bis kurz vor dem Einloggen gedrückt halten
Startobjekte nicht ausführen	Nach der Anmeldung ⇧-Taste gedrückt halten

Kurzbefehle für das Dock	
Dockgröße skalieren	Die Trennlinie innerhalb des Docks bei gedrückter Maustaste leicht nach oben/unten bewegen
Kontextmenü für das Dock anzeigen	Mit ctrl-Taste auf die Trennlinie klicken oder aber die rechte Maustaste verwenden
Kontextmenü eines Programms anzeigen	Einmaliges Klicken mit der ctrl-Taste oder der rechten Maustaste auf das Programmsymbol
Ein bereits geöffnetes Programm im Dock behalten	Kontextmenü durch Klicken auf das Programmsymbol aktivieren und „Im Dock behalten" aktivieren
Ein Programm aktivieren und das aktuelle ausblenden	Mit der alt-Taste auf das gewünschte Programmsymbol im Dock klicken

Kapitel 10

Ein Programm aktivieren und alle anderen ausblenden	cmd + alt und Klick auf das gewünschte Programmsymbol
Ein geöffnetes Programm beenden, ohne es vorher in den Vordergrund zu bringen	Klicken auf das Programmsymbol im Dock und Auswählen von „Beenden"
Ein Programm sofort beenden	ctrl-Taste drücken und auf das Programmsymbol im Dock klicken bzw. Rechtsklick. „Sofort beenden" auswählen
Ein Dokument mit einem Programm im Dock öffnen	Ziehen des Dokumentsymbols auf das jeweilige Programm (falls notwendig: cmd + alt drücken)
Finder-Fenster-Kurzbefehle	
Als große Symbole darstellen	cmd + 1
Als Liste darstellen	cmd + 2
Als Spalten darstellen	cmd + 3
Als Cover Flow darstellen	cmd + 4
Übersicht einblenden	cmd + Y, Leertaste
Übersicht im Vollbildmodus	cmd + alt + Y
Symbolleiste des Fensters aus-/einblenden	cmd + alt + T
Seitenleiste ein-/ausblenden	cmd + alt + S
Darstellungsoptionen einblenden	cmd + J
Darstellung des vorherigen Fensterinhalts	cmd + Ö
Darstellung des nächsten Fensterinhalts	cmd + Ä
Eine Ordnerhierarchie darüber anzeigen	cmd + Cursor nach oben
Aktivieren des nächsten Fensters im aktuellen Programm (es müssen mehrere Fenster geöffnet sein)	cmd + <
Aktivieren des vorigen Fensters im aktuellen Programm	cmd + ⇧ + <
Minimieren des Fensters in das Dock	cmd + M, Doppelklicken in die Titelleiste des Fensters
Ohne vorheriges Aktivieren das Fenster bewegen	cmd-Taste und das Fenster an der Titelleiste bewegen
Alle Fenster eines aktiven Programms schließen	cmd + alt + W, bei gedrückter alt-Taste in ein Schließfeld klicken
Ablegen aller Fenster im Dock	cmd + alt + M oder bei gedrückter alt-Taste auf den „Minimieren"-Button klicken
Weg zum Original im Finder finden	cmd + Klick im Fenstertitel auf den Namen, Ordner auswählen

Tastenkürzel

	Im Finder-Fenster die Anordnung der Symbolleistenicons verändern oder ein Symbol löschen	Bei gedrückter cmd-Taste das Objekt verschieben oder außerhalb des Fensters loslassen
Nur verfügbar, wenn die Option **Systemeinstellungen –> Tastatur –> Tastaurkurzbefehle –> Alle Steuerungen** aktiviert wurde	Menü auswählen	ctrl + F2
	Dock auswählen	ctrl + F3
	Aktives Fenster oder Fenster dahinter auswählen	ctrl + F4
	Symbolleiste auswählen	ctrl + F5
	Paletten-Fenster auswählen	ctrl + F6
	Nächstes Steuerelement im Fenster auswählen	ctrl + F7
	Statusmenüs in der Menüleiste auswählen (Menulets)	ctrl + F8

Systemkurzbefehle

Starten von Spotlight	cmd + Leer
Öffnen des Spotlight-Fensters	cmd + alt + Leer
Exposé	
Anzeigen aller geöffneter Fenster	F9
Anzeigen aller Fenster des geöffneten Programms	F10
Blick auf den Schreibtisch freigeben	F11
Anzeigen von Dashboard	F12
Spaces	F8
Wechseln zwischen den Spaces	ctrl + Cursortasten bzw. Zifferntaste
Wechseln zu anderen Programmen	cmd-Taste gedrückt halten + Tabulatortaste bzw. Cursortasten nach links oder rechts oder mit vier Fingern im Trackpad horizontal verschieben
Zurückwechseln zu anderen Programmen	⇧ + cmd-Taste gedrückt halten + Tabulatortaste drücken
Ausblenden des aktuellen Programms	cmd + H
Ausblenden der anderen Programme	cmd + alt + H
Beenden eines Programms	cmd + Q
Kontextmenü anzeigen	ctrl + Klick bzw. Rechtsklick
Abbrechen eines Kopiervorgangs	cmd + .
Ein Programm sofort beenden	cmd + alt + Esc
Ruhezustand/Ausschalten-Dialog	ctrl + ⏏

317

Kapitel 10

Alle Programme beenden und neustarten	ctrl + cmd + ⏏
Ruhezustand	alt + cmd + ⏏
Sofort neustarten	cmd + ctrl + Ein-/Ausschaltknopf
Normales Ausschalten	Ein-/Ausschaltknopf
Schnelles Abmelden	⇧ + cmd + Q
Abmelden ohne Rückfrage	⇧ + alt + cmd + Q
Standard-Kurzbefehle für den Finder	
Rückgängig machen	cmd + Z
Neues Fenster	cmd + N
Neuer Ordner im Fenster	cmd + ⇧ + N
Neuer intelligenter Ordner	cmd + alt + N
Alles auswählen	cmd + A
Kopieren eines Ordners/einer Datei/eines Textes	cmd + C
Ausschneiden eines Textes	cmd + X
Handling von Ordnern/Dateien	
Ordner aufklappen (Listendarstellung)	Cursortaste rechts
Ordner inklusive aller Unterordner aufklappen (Listendarstellung)	alt + Cursortaste rechts
Ordner zuklappen (Listendarstellung)	Cursortaste links
Einsetzen eines Ordners/einer Datei/eines Textes	cmd + V
Duplizieren eines Ordners/einer Datei/eines Textes	cmd + D
Öffnen eines Ordners, einer Datei	cmd + O, cmd + Cursor unten
Schließen eines Ordners, einer Datei	cmd + W, cmd + Cursor oben
Informationen eines Ordners/einer Datei anzeigen lassen	cmd + I
Ein Informationsfenster für mehrere gemeinsam markierte Objekte	cmd + ctrl + I
Sich ständig aktualisierendes Informationsfenster	cmd + alt + I
Alias eines Ordners/einer Datei erzeugen	cmd + L/cmd + alt + am Original ziehen
Gehe zum Original	cmd + R
Ordner zur Seitenleiste hinzufügen	cmd + T

Tastenkürzel

Springt zum ersten Listeneintrag	alt + Cursor oben
Springt zum letzten Listeneintrag	alt + Cursor unten
Springt in das Suchen-Feld eines Finder-Fensters	cmd + alt + F

Allgemein	
Ordner/Datei in den Papierkorb legen	cmd + Backspace
Papierkorb mit Rückfrage ausleeren	⇧ + cmd + Backspace
Papierkorb ohne Rückfrage ausleeren	⇧ + alt + cmd + Backspace
Volume auswerfen	cmd + E
Etwas suchen (erweiterte Spotlight-Suche)	cmd + F
Gehe zum Original	cmd + R

Zu bestimmten Orten wechseln	
Gehe zu Computer	cmd + ⇧ + C
Gehe zum Häuschen (Benutzerordner)	cmd + ⇧ + H
Gehe zu Dokumente-Ordner	cmd + ⇧ + O
Gehe zu Programme-Ordner	cmd + ⇧ + A
Gehe zu Dienstprogramme-Ordner	cmd + ⇧ + U
Gehe zu Netzwerk	cmd + ⇧ + K
Gehe zu meiner iDisk	cmd + ⇧ + I
Gehe zu einem bestimmten Ordner	cmd + ⇧ + G
Mit einem Servervolume verbinden	cmd + K
Findereinstellungen konfigurieren	cmd + ,

Dialogfelder	
Von einem Eingabefeld zum nächsten springen	Tabulatortaste
In den Eingabefeldern zurückspringen	⇧ + Tabulatortaste
Den Dialog bestätigen	Returntaste

Nur verfügbar, wenn die Option **Systemeinstellungen –> Tastatur –> Tastaurkurzbefehle –> Alle Steuerungen** aktiviert wurde

Kapitel 10

Den Dialog abbrechen	Esc-Taste, cmd + .
In den Speicher-Dialogen navigieren	
Datei speichern	cmd + S
Nicht hervorgehobenen Button ansteuern	Tabulatortaste drücken bis Button erreicht ist
Abbrechen	Esc
Nicht speichern (nicht in allen Programmdialogen)	cmd + N
Schnell auf den Schreibtisch	cmd + D
Gehe zum Benutzerordner	cmd + ⇧ + H
Neuer Ordner im Dialog	cmd + ⇧ + N
Gehe zu Netzwerk	cmd + ⇧ + K
Gehe zu meiner iDisk	cmd + ⇧ + I
Gehe zu einem bestimmten Ordner	cmd + ⇧ + G
Öffnen eines Ordners, einer Datei	cmd + O, cmd + Cursor unten
Starten der Hilfe	cmd + ⇧ + ß
Von Ordner zu Ordner springen	Cursortasten nach oben bzw. nach unten
Die Darstellung einer Liste seitenweise überspringen	Seite nach oben/Seite nach unten (Page-up-/Page-down-Taste)
Symboldarstellung	cmd + 1
Listendarstellung	cmd + 2
Spaltendarstellung	cmd + 3
Sonstiges	
Bildschirmfoto des gesamten Monitors	cmd + ⇧ + 3
Bildschirmfoto eines Ausschnitts	cmd + ⇧ + 4 und dann Auswahlrechteck aufziehen
Bildschirmfoto eines Fensters oder einer Palette	cmd + ⇧ + 4 und dann Leertaste drücken, Mauszeiger auf Fenster führen und klicken
Bildschirmfoto in die Zwischenablage legen	cmd + ctrl + ⇧ + 4 während der Auswahl drücken

Tastenkürzel

Index

Index

A

Abmelden ohne Rückfrage	30
Account-Name	22
Administrator	21, 22
Administratorkennwort	22
Adressbuch	208
afp://	127
AirPort-Basisstation	61
AirPort-Dienstprogramm	61
Akkulaufzeit	306, 311
Aktive Ecken	243
AltGr	85
Andere Netzwerkkonfiguration	18
Anmeldefenster	244
Apfel-Taste	20
Apple Hardware Test	291
Apple-ID	19
AppleTV	154
Arbeitsplatz	92
Aufspringende Ordner	106
Ausschaltdialog	30
Ausschalten	30
AutoCAD	189
Automatische Anmeldung	27

B

Benutzer	27
Benutzerordner	93, 182
Benutzte Objekte	128, 180
Bilder	184
Bildschirmschoner	243
Bluetooth	35, 42, 89, 148
Boot Camp	189
Boot Camp-Assistent	271
Boot Camp Control Panel	277

C

Cover Flow	100

D

Darstellungsoptionen einblenden	102
Dashboard	110
Data Fork	126
Dateiübernahme	186
Deinstallieren	260
Dienstprogramme	15, 93
Dock	96
Dokumente	182
Downloads	183
DSL-Modem	56
Dual-Link-DVI	140
DVI	140

E

Effekte	146
Eigene Musik	224
Elgato	265
E-Mail	73
ENDE	85
ENTF	85
Entourage	192
eSATA	143
Ethernet	144
Etiketten	104
Exchange	75
Exposé	87
ExpressCard-Slot	143
Externer Datenträger	170
Extras / Ordneroptionen	199
EyeTV	265

F

Fächerdarstellung	98
FAT	171
FAT32	171
Favoriten	209
Festplatten-Dienstprogramm	297
FileVault	246
Filme	184
Finder	92
Finder-Einstellungen	94
Firefox	209
Firewall	251
FireWire	143
FireWire-Festplatte	170, 230
Firmware-Kennwort	240, 241
Freigaben des Win-Rechners	178
Front Row	153, 246
FTP	130
Funktionstasten	86

G

Gehe zu	92
Gehe zu –> Mit Server verbinden	176
Gitterdarstellung	98
Google Contacts	167
Google Kalender	215
Grafikkarte	308

Index

H

Hauptkennwort	247
HDMI	140, 154
Hibernation	311
Homeverzeichnis	16
Hotspots	72

I

iappoint	217
iCal	76
iDisk	80, 167
Image	252
beschreibbares	253
Kennwort	254
IMAP	75
Informationsfenster	190
Infrarotempfänger	152
Infrarot-Fernbedienung	246
Installieren	260
Instant Messaging	269
Internet Explorer	210
Internet-Tethering	41
IP-Adresse	173
iPhone	38, 80
iPhone-Modem	40
iPhoto Library	228
iSight-Kamera	145
iSync	148

K

Kabelmodem	56
Kalenderdaten in Outlook	213
Kennwort	22
Kernel-Panik	290
Keyboard Remapper	276
Koppeln	43

L

Landeseinstellungen	12
Lautsprecher	144
Lesezeichen	209
Library	183
Listendarstellung	98, 100
Lokaler Benutzer	21

M

MacBook Air	137
Mac OS Extended	230
Mail	73, 79, 192
Mehrfenstermodus	93

Menulets	58
Merkhilfe	23
MiFi 2352	51
Migrationsassistent	14, 158
Mikrofon	144
Mini DisplayPort	140
Mit Server verbinden	126
MobileMe	19, 77, 78, 166
Mobiltelefon via Bluetooth verbinden	149
Modem	40
MS-DOS-Dateisystem (FAT)	171
Musik	184

N

Netzwerk	93
Netzwerkdiagnose	289
Netzwerk- und Freigabcenter	174
Netzwerkzugang	18
Neuen E-Mail-Account erstellen	204
Neustart	30

O

O2M – Outlook to Mac	218
Öffentlich	185

P

Parallels Desktop	189, 279
Parameter-RAM	242, 295
Photo Booth	145
POP	75
POS1	85
PPPoE	57, 63
Preferences	287
Privatfreigabe	154
Profildatei	38
Programme	93
Proxy	59

Q

QuickLook	101

R

RAM-Inhalt	312
Registrierungsfenster	19
Remapkey	276
Resource Fork	126
Router	64, 69
Ruhezustand	30

Index

S

Safari	210
SafeGuard Disk Encryption	255
Schnelles Abmelden	30
Schreibtisch	93, 182
SD-Card-Slot	143
Seitenleiste	105
Sicherer Systemstart	300
Sicherheit	244
Sicherheitssoftware	255
SIM-Karte	46
Skype	147, 270
SmartSleep	312
smb://	128
SMB	177
SMC	302
SMTP	75
Sofort beenden	286
Softwareaktualisierung	295
Spaces	87, 108
Spaltendarstellung	100
Spotlight	112
Privatsphäre	121
Spotlight-Fenster	113
Spotlight-Menü	113
SSD-Festplatte	310
Stacks	98
Stapel	98, 130
Strg	85
SuperDrive	137
Symboldarstellung	100
Symbolleiste	95
Symbolvorschau	104
System einrichten	12
Systemeinstellungen	26
Spotlight	119
Time Machine	230
System-Profiler	292

T

Target-Modus	16, 159, 242
Tastaturhintergrundbeleuchtung	310
Tethering	38
Thunderbird	191
Adressbuch	197
Time Capsule	231
Time Machine	230
Trackpad	90
TV-Tuner	265

U

Übersicht	101
Übertragung eines Time-Machine-Backups	163
UMTS-Stick	45
USB 2.0	142
USB-Festplatte	170, 230
USB-Installationsstick	139
USB-Stick	252

V

VGA	140
Videochat	147
VMWare Fusion	189, 279
Volume überprüfen	297

W

WebDAV	130
Websites	185
Werkseinstellung	295
Widgets	110
Willkommen-Bildschirm	12
Windows Explorer	92
Windows Live Mail	192
Windows Media Player	269
Windows-Taste	84
WLAN	60, 89
WLAN-Router	60

Y

Yahoo!-Adressbuch	167
Yasu	298, 299

Z

Zattoo	268
Zeitzone	23
Zugriffsrechte reparieren	297
Zurück zu meinem Mac	80

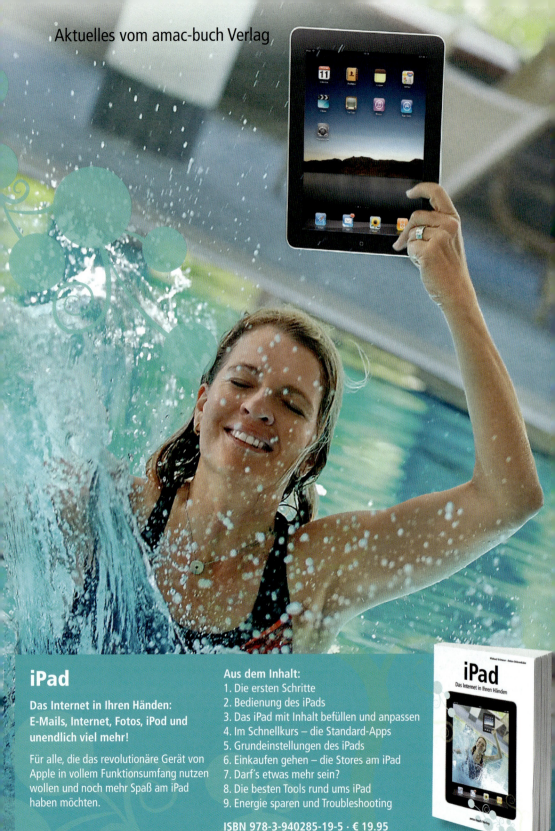

Möchten Sie mehr wissen?
www.amac-buch.de

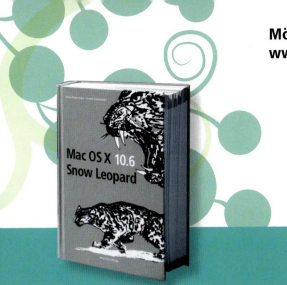

Mac OS X 10.6 Snow Leopard

Das vorliegende Buch ist für jeden Benutzer von Snow Leopard eine empfehlenswerte Lektüre. Anfänger werden rasch die wichtigsten Grundlagen erlernen. Versierte User finden eine Fülle an Tipps und Tricks, um den Umgang mit dem System zu perfektionieren.
Maße 160 x 235 mm, 800 Seiten,
ISBN 978-3-940285-14-0 · € 29.95

Microsoft© Office:mac 2011

In diesem Buch erfahren sowohl Neueinsteiger als auch erfahrene Anwender, wie man Microsoft©Office:mac optimal konfiguriert und seinen Bedürfnissen entsprechend anwendet.
Maße 160 x 235 mm, 544 Seiten, 4-farbig
ISBN 978-3-940285-25-6 · € 29.95

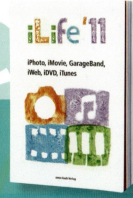

Mein iPhone & ich

Geeignet für iPhone 4 und iOS4

Dieses Buch verrät Ihnen unzählige Konfigurationsmöglichkeiten, die nur Insider kennen.
Maße 150 x 240 mm, 528 Seiten, 4-farbig
ISBN 978-3-940285-21-8 · € 19.95

iLife '11

iPhoto, iMovie, GarageBand,
iWeb, iDVD, iTunes

Anfänger wie Fortgeschrittene finden zu den einzelnen Themen passende Tipps und Tricks.
Maße 160 x 235 mm, 540 Seiten, 4-farbig
ISBN 978-3-940285-32-4 · € 29.95

Weitere interessante Bücher
rund um das Thema Apple, iPhone und iPad finden Sie
unter www.amac-buch.de